怎样做口述历史

定宜庄 著

北 京 出 版 集 团
北京工艺美术出版社

图书在版编目（CIP）数据

怎样做口述历史 / 定宜庄著 . -- 北京：北京工艺
美术出版社，2024.9 . -- ISBN 978-7-5140-2851-5

I . K0

中国国家版本馆 CIP 数据核字第 20245TP725 号

出 版 人：夏中南
策划编辑：司徒剑萍
责任编辑：司徒剑萍 李新运
项目统筹：赵 微 李 榕
封面设计：王雨萱
责任印制：范志勇

怎样做口述历史

ZENYANG ZUO KOUSHU LISHI

定宜庄 著

出 版	北京出版集团	
	北京工艺美术出版社	
发 行	北京美联京工图书有限公司	
地 址	北京市西城区北三环中路6号 京版大厦B座7层702室	
邮 编	100120	
电 话	(010) 58572763（总编室）	
	(010) 58572878（编辑室）	
	(010) 64280045（发 行）	
传 真	(010) 64280045/58572763	
经 销	全国新华书店	
印 刷	三河市宏达印刷有限公司	
开 本	787毫米×1092毫米 1/32	
印 张	9.75	
字 数	167千字	
版 次	2024年10月第1版	
印 次	2024年10月第1次印刷	
定 价	58.00元	

目 录

前　言

　　这本介绍口述历史的小册子，按照最初的设计，是写给初学者的一部讲稿。既然是讲稿，则应以实用为主，篇幅不宜过长，内容也不宜复杂烦琐。结果是先把我自己难住了。首先，讲口述历史，必先谈理论，但当前关于口述史的理论，是说法又多又不一致，每个问题无论大小，都会有数不清的争论，想用简短的文字来概括和介绍它们，实在不是一件容易的事。再谈实践，口述史的核心在于"做"，而"做"的核心在于与活人的"面对面"，这就决定了口述历史具有流动的、不确定的、千变万化的、个人化的特点，以及个人性。也就是说，每个人，无论受访者还是访谈者，都是活生生的人。从访谈者来说，不仅访谈对象各个不同，而且即使是同一个人，每次的访谈也不会重复。何况访谈者本人在不同场合、不同心境下，所做的访谈也有差异。更不用说还有更大的背景，即所有历史参与者，都有年龄、性别、民族等差异，加之史学家、人类学家和社会学家各有不同的诉求和学科规范，并且这些学科与新闻又有区别。凡此种种，就使得每个人做有每个人的问题，每做一次就有一次的问题，既难有固定的样板，也少有一定之规。他人的实践无论多么成功，当自己亲自投入实践时，也未必有效法的意义。正如唐纳德·里奇[①]所说，关于进行访谈的技术准则，现在的手册和指南已经讲得太多了。

所以，做口述史的实践越多，我越不愿或者说不敢给别人讲口述历史，因为如果写一堆空话来告诉读者口述史应该如何做，其实毫无意义，再说我也没有指导他人的资格。如今介绍口述史的理论文章和专著很多，但讲具体实践的却非常少，就是因为讲述具体的口述史实践，确实有着相当的

---

① 唐纳德·里奇（Donald A.Ritchie），美国口述历史学界的代表人物，曾先后担任美国口述历史协会主席和美国参议院历史室特邀历史学家，著有《大家来做口述历史》和《牛津口述史手册》等作品。其中《大家来做口述历史》的第一版，有王芝芝译的繁体中文本。在第二版中，作者修订了部分内容和案例，尤其补充了数字化技术和国际互联网普及对口述史学科的影响。2015年该书英文版出版第三版，有邱霞的简体中译本（当代中国出版社2019年版）。

难度。

那么，我为什么还要写这部书呢？

首先，目前口述史学在国内越来越受重视，几乎不再有人怀疑它的价值和意义。然而，当"大家来做口述史"被不少人误解成一个口号，做口述史也有一哄而起之忧的时候，如果再不强调口述史在学术上的规范性，使口述史成果成为无质量可言也无法使用的东西，将是人力、物力的极大浪费，也非常不利于口述史这个学科的持续发展。

唐纳德·里奇讲口述史学的书，中文译作《大家来做口述历史》，但其英文书名为*Doing Oral History*，并无"大家来做"之意。之所以这样译，是译者理解的"Doing"就是中文的"做"，顾名思义，重点是围绕在"做"上。但很多人却从"大家"着眼，误以为口述史人人能做，这就不是唐纳德·里奇的本意了。

我写此书的第一个目的是要强调，做口述史，掌握最基本的规范是十分必要的。做口述历史必须要有"门槛"，那就是要接受专业培训。这些专业的基本知识，包括如何为口述史定义，如何确立口述访谈的选题，如何进入现场，如何做访谈后的文字转录和鉴别整理，如何用口述历史的资料撰写论文，尤其是在做口述的一系列活动中，如何保护双方的隐私权和著作权等一系列问题，都是本书要向读者详细交代的。

问题是：如何交代？上面已经说过，每个人有每个人的经历，我既然没有向读者讲述应该如何做的资格，那么，讲讲我自己的经历总是可以的，这便是我写这部书的第二个目的。我这个小册子，只写我自己数十年来做口述实践，特别是做北京口述历史的经验与教训，以及写我身历其中的甘苦。所以本书的风格，以实例为重，理论为轻，不仅谈成果，也谈失误和过错，但愿能让读者引以为戒。

还有，唐纳德·里奇讲的口述历史，就是历史，而不是人类学、社会学以及其他学科。我所做的，也完全是一个史学家的工作，这不仅仅是现场访谈之后的鉴别整理和最终的撰写稿件，而是从确立选题开始的每一步。书中也提到跨学科的问题，因为这是口述史的特点，也是现代学术发展的趋势。但我仍然是从我自己的经历出发，写的是我与社会学家、人类学家合作、对话的收获和体会。

本书所有涉及理论的内容，除来自唐纳德·里奇的《大家来做口述历史》之外，还有左玉河主编的《中国口述历史理论》（人民出版社2022年版）以及许雪姬主编的《台湾口述历史的理论、实务与案例》（台湾口述历史学会2014年版），兼及各种相关论文和资料。左玉河与许雪姬的这两部文集，每部都收集了数十篇专家学者的研究成果。我这部书的理论部分，就是我在参阅众多专家学者的见解之后，从我本人的心得体会出发，所做的一个转录。

讲实践当然不可能泛泛而论，所以，我都是以我自己出版的著作为例。按原来的计划，我原本打算以《老北京人的口述历史》为主，因此本书最初的题目，也拟作"口述史如何介入北京城市史研究"。但在写作过程中，我发现这里存在一个孰轻孰重的问题，且难以二者兼顾，所以最终决定还是以口述史为主了。

不足为训，聊备参考，还乞方家及对口述史学感兴趣的读者指正。

第一讲 什么是"口述历史"

一、什么是"口述历史"

"口述历史"（Oral History），是最古老又最年轻的一个史学学科，或者说，是史学最老又最新的一种研究方式，经常也简称为口述史。

说它古老，是因为它出现在文字产生之前。那时候人类的记忆和传说，就是用口传的方式记录和传递的。我们将其称为"口述传统"（Oral Tradition）。有学者举实例说，西方有希罗多德的《历史》和修昔底德的《伯罗奔尼撒战争史》乃至更早的《荷马史诗》，中国则有司马迁和他的《史记》。无论西方和东方，这些大师在撰写学术经典巨著时，都将口述传说纳入对历史事件的宏大记述中，那些丰富、生动的细节，往往就来源于此。①直到今日，仍有很多人，甚至专业的学者，都将这种口耳相传的传统，与今天的口述史学等同，或者认为二者间的区别，仅仅一是广义，一为狭义而已。

但是，本书要说的口述历史，与这种口耳相传的口述传统，无论在概念上还是在性质上，都不是一回事。它是在20世纪才兴起的一个具有现代意义的学科，所以我们说它年轻。

在以文献研究为主的史学已经发展得十分成熟的今天，原本古老的口述史，为什么反而突然兴起，并且发展势头愈来愈盛呢？这有其特定的背景。

其一是新观念的产生。

口述史的兴起与西方在20世纪70年代达到鼎盛的"新史学"的发展历程同步，它可以理解为由"新史学"孕育出来的一个产物。

"新史学"的产生，是对西方传统史学在方法和意义上的挑战，是史学上的一场重大的革命。严格地说，"新史学"

---

① 游鉴明：《她们的声音：从近代中国女性的历史记忆谈起》，四川人民出版社2020年版，第39页。

算不上是一个学派，它的内部包含诸多差别和分歧，它的发展始终伴随着争论和异见，并形成不同的流派和分支，但总体来说，它代表的是与传统史学完全不同的一种新的潮流、新的范式。在史观上，"新史学"把历史学视为一门关于人、关于人类过去的科学，反对传统史学局限于政治史的狭隘性，主张史学研究应包含人类过去的全部活动，主张对历史进行多层次、多方面的综合考察以从整体把握；在方法论上，它倡导多学科合作，吸取相邻学科的理论和方法。这些主张都极大地扩展了史学的研究领域，使新的研究题材不断涌现、不断更新、不断深入。新兴的口述史，具有"新史学"的一切特征。"新史学"倡导的这些观念和方法，既是口述史学得以兴起的前提，也是口述史的宗旨。①

其二是新设备的运用。

具体说就是录音设备。口述史的兴起，是现代科技发展

---

① 口述史是在"新史学"影响下应运而生的学科，在保罗·汤普森的《过去的声音——口述史》（中译本：覃方明、渠东、张旅平译，辽宁教育出版社2000年版）的第一章中，从20世纪整个史学发展脉络的角度入手，有着具体深入的论述；约翰·托什所著《史学导论》中的"口述史"一章，也是将口述史置于20世纪史学发展的整个大背景中介绍的，均可参阅。又按：《过去的声音——口述史》已经于2017年出版到第四版。

的结果。正是录音设备开始出现，进而从磁盘、有线录音机发展到卡式录音带，乃至今天的电子录音和摄像，才使真实、完整地记录、保存和传播人们的声音成为可能，这是口述史得以迅速发展和传播的基础之一，这是凡对口述史这一学科略有了解的人都知道的事。

以上就是新的口述史学科兴起的两个前提。

那么再进一步，所谓"新"的口述史，它的具体内容又是什么呢？

虽然从口述史这个学科创立一开始，学者们对于它的定义、标准、行为准则等最基本的问题便不断地质疑、进行争论乃至发生激烈的争吵。但是口述史发展到今天，在经历了数十年、无数次、反复的实践之后，还是有一些基本要点被保留下来并为学界所公认，这就是著名口述史学者唐纳德·里奇在《大家来做口述历史》一书中，为口述史所下的定义，是我们进行口述史实践时必须予以重视和遵循的标准：

"口述历史记录，就是一位准备完善的访谈者，向一位准备完善的受访者，以录音或录像的方式进行访问、调查、

怎样做口述历史

记录彼此的问答内容并整理成文字稿件，予以出版。"[①]

这段话看似简单，却涉及三个要点：

首先，必须有对话。除了受访者（我们在本书中一概将其称为"受访人"、"被访者"或"讲述者"）本人，还要有一个访谈者，且访谈者必须亲临现场。口述历史作业，便是访谈者对受访者所做的面对面访谈的产物，是二者共同构建的历史文本。

其次，必须运用录音或摄像技术。按照口述史学科的要求，访谈者在访谈过程中，要一边与受访者对话，一边实时录音，以录音或录像的方式将彼此的对话记录下来，采访结束后要将录音转变为文字。这份通过录音得到的文字稿，必须是根据现场访谈录音（或录像）转写，如实地反映受访者所谈的内容，访谈者一方不得凭空有任何增补、编造和想象，即使有任何评论，也要以第三方的形式另行撰写。

再次，访谈者要精心准备问题。在整个口述访谈过程中，访谈者对于受访者所做的，必须是一个具有主题意识的访问，访谈者的引导作用不可或缺。

---

① ［美］唐纳德·里奇:《大家来做口述历史》，邱霞译，当代中国出版社2019年版，第3页。

在这里，他为口述史划定了一个界限，也可以称为规范，强调口述历史不包括随意的录音：演讲录音、电话窃听录音或个人录音日记等，而这些随意的录音，却正是目前做口述史时所出乱象的集中体现，例如：为省时省力而交给受访者一支录音笔，嘱其将自己的声音录下；由受访者自己动手撰写回忆录、日记，以及通过电话而非现场对话方式进行记录等。由于它们都缺少了访谈者与受访者之间的对话，没有录音可验证，都不能算作是真正意义上的口述史。至于那些漫无目标、言不及义的闲聊，更不在口述史支持的范围之内。

里奇所讲口述史规范的第三点，所谓精心准备问题、具有主题意识、强调访谈者起主导作用，说的都是一点，那就是访谈者必须受过口述史学的专业训练，必须具有专业性。这一点，目前最被从事口述历史作业的人所忽视。[①]在我看来，这才是规范中最要紧的部分。

随着计算机的普遍应用，新史学借助先进的科技手段所创造出的新的研究方法还在源源不断地产生和拓展。正如唐

①［美］唐纳德·里奇:《大家来做口述历史》，邱霞译，当代中国出版社2019年版，第3页。

纳德·里奇所说，当《大家来做口述历史》第二版在2003年问世的时候，数字革命已经到来。在第三版问世的时候，他在引言中说："随着口述历史学家对新设备越来越熟悉，他们把口述历史的记录方式扩大到了影像记录，并且发现了利用互联网在世界范围内发布采访、记录和录音的无限可能性。"的确，未来不可预料也不可限量。在历史研究中，与数字革命和新设备联结如此紧密的学科，口述历史应该算一个，这也是它属于有现代意义的新学科的原因。

不过，当代口述史学家们也都认为，音像技术虽然为口述史学的发展起了一定的促进作用，但它并不是口述史学发展的唯一条件，口述访谈的基本规范也并没有因此而改变，这个规范就是：访谈必须在人与人之间发生互动的情况下才能进行。因此，口述访谈的基本步骤仍是不变的：访谈者需要事前做案头准备；了解如何操作设备；用心设计开放式的问题；与受访者建立融洽的关系；现场访谈时必须仔细聆听受访者的讲述并提出进一步的问题，以及尽其所能地引出受访者真实的回应。

二、口述历史的历史：在中国的发展

现代意义上的口述史学（Oral History），按学界的一般说法，是于20世纪中叶在美国率先兴起并发展起来的，标志性事件是1948年美国哥伦比亚大学口述历史研究中心的创建。而"口述历史"这个名词，则是在1948年由美国哥伦比亚大学教授艾伦·内文斯（Allan Nevins）提出。早在1938年，艾伦·内文斯就曾谴责当时的史学领域"缺乏生活和生气"，在他所著的《历史的入口》一书中，他提倡更平民化的历史，而且还需创立一个能够建立这种历史的组织。在他的倡导下，该校当年成立了现代口述历史档案馆，这被学界视为现代口述史兴起的标志，口述史由此正式进入学术领域，并在世界各地都有了迅速的发展。[①]

[①] *History of Oral History: Foundations and Methodology Thinking about Oral History*, edited by Charlton Thomas L. et al., Rowan & Littlefield Pub Inc., 2007. 并参见杨祥银《美国现代口述史学研究》，"口述史学简史"，中国社会科学出版社2016年版，以及杨祥银《口述史学基本理论与当代美国口述史学》，按：本文已经收录在笔者与汪润合著的《口述史读本》中，第35—60页。

我第一次接触口述历史，是在1996年年初去台北参加一个学术会议，那时受到了众多学者的热情款待。也正是在那时，我第一次接触到由郭廷以先生牵头所做的口述史研究项目，不仅读到了他拟订的口述历史的大纲细则，还获赠了一大批该所研究员根据访谈记录撰写的作品。由此得知，他们早在1959年，便与哥伦比亚大学东亚研究所合作，参与推动口述历史的活动。在各个领域卓有建树的许多学者，尤其是近代史研究所的学者，都亲身投入口述访谈，并且与自己的研究领域相结合，在理论上多有阐发。而郭廷以先生提倡的"为现代史保留忠实而深入的记录，以备历史学者之研究"的宗旨，给我留下了深刻的印象。

我国台湾不仅有一支成熟的、经验丰富的从事口述史访谈的学者队伍，也有大量民众投入其中，《大家来做口述历史》一经翻译出版，就蔚然成风。

关于台湾地区口述史学的建立与发展，有许雪姬等学者撰文详叙。[①]就我自己来说，从台湾地区口述史学界受到的

---

① 参见侯坤宏《台湾口述历史的现况、回顾与展望》，载于《台湾口述历史的理论实务与案例》"附录一"，第437—450页。该文也多次提到许雪姬的相关论文，如《台湾口述历史的回顾及展望》，载于李向玉主编《众声平等：华人社会口述历史的理论与实务》，澳门理工学院，2013年，第30—44页。

第一讲　什么是"口述历史"

影响，可能比直接从西方学界得来的更多。除了因台湾与大陆学者之间的交流不存在语言障碍，更因毕竟同为中华民族的子孙，两岸学者对于历史、社会、文化和生活等各方面问题往往有着共同的关怀，从事作业时也常常会有更多共同的感受。

口述史作为"史"被大陆史学界认识并接受，大体来说是20世纪90年代前后的事。与我本人经历相似的是，它也不是受到西方影响的结果，也并未过多约束在这个学科的定义和规范里。尽管这些口述的做法和成果，并不完全合乎口述史学科的要义，但在当时特定的历史条件下，这些问题不可苛求，至少它们产生的影响不可忽视，在某种程度上，它们也为如今口述史的发展奠定了基础。

从90年代开始，口述史以"历史纪实"或者"纪实文学"的形式被引入并被广为认知，毕竟无论何时，文学作品都比史学著作有着更广泛的受众和影响。这一时期曾轰动一时的几部作品，包括冯骥才的《一百个人的十年》（1991年）、李辉的《文坛悲歌———胡风集团冤案始末》（2010年）、叶永烈的长篇《"四人帮"兴亡》（2014年）以及老鬼对1972年内蒙古草原69个因救火而被烧身亡的知青家属的访谈录《烈火中的青春——69位兵团烈士寻访纪实》（2009年）等，都声称是综合使用文献史料和口述史料撰写而成，都强调历时若干年，采访了大量当事人。冯骥才还尤其提出他的作品旨在用口述史方法去寻访和记录那些不具备写作能力的"文革"受难者的经历，是"为一批普通的'文革'经历者立档"，对"文革"中普通人命运的关怀。这些都已经十分接近于口述史学的宗旨。但这几部作品究竟属于口述史学还是文学，迄今为止都没有明确的界定。因为我们无法根据口述历史的规范标准，来判断这些作品是否保留了原始的录音，以及在完成过程中是否有虚构的成分。不过，这些被称为"历史纪实"的文学作品，都对口述史的发展产生了很大影响。文学领域中的这种写实的传统，迄今仍被一些作家延续和发扬着，以至于今日仍有人认为口述访问是文学与历史的结合。这里对此就不作更多评价了。

另外，很多人沿袭我国学界热衷于"成就史"的惯性思维，认为口述史的做法在我国早已有之，并且与同时期其他国家相比并不落后，譬如始于20世纪50年代的"红旗飘飘"和"星火燎原"丛书，以及60年代的"政协文史资料选辑"丛书，70年代恢复的地方志工作以及各省市的"四史"（厂史、村史、家史、行业史），都是口述史学的成果。与西方不同的只是，这是"有组织的"的采访和写作而已。

不可否认的是，这场由官方组织的，旨在为某项政治任务的整理、保存革命史料的大规模调查活动，确实获得了不少珍贵且不可复制的成果。例如，20世纪50年代开始的对太平天国、义和团和辛亥革命的大规模调查，运用了大量人力物力，受访者人数有数千，记录下的口述资料不啻数百万言。50年代开展的少数民族社会历史调查也如是。无论对这些调查的评价如何，这些调查所采用的方法和取得的收获，绝大多数算不上真正意义上的口述史，也无法纳入口述史的范畴之中。这种做法也受到早期与国外口述史学界有所接触的部分学者的批评。钟少华的《呼唤中国口述史学腾飞》一文，就是其中较早也较有代表性的一篇。

不过，其中也有个别成果，例如路遥和程歗二位先生的《威县义和团活动调查记》。由于出自受到过严格专业训练的史学家之手，采取的是以史学文献与当地群众的口述访谈相对照的方式，所以它不仅称得上是一部优秀的口述史成果，而且他们的研究方法至今仍被相关领域的学者津津乐道，并将其与西方学者研究同一课题的力作，即周锡瑞

（Joseph W.Esherick）的《义和团运动的起源》和柯文（Paul A. Cohen）的《历史三调：作为事件、经历和神话的义和团》从所采用的视角与方法进行比照。可以肯定的是，他们这种以口述与文献结合来对史实进行互证的做法，开了口述与文献"二重证据"之先河，已经成为我国口述历史学界中最为专业学者认可的一种传统，并沿用至今。

马长寿先生的《同治年间陕西回民起义历史调查记录》与上述路、程二位先生的著作有异曲同工之妙，同样出自历史学家之手，运用了文献与口述相结合的治史方法，是成一家之言的学术研究而不是简单的采写记录。与前者不同的是，作为受到过史学与民族学两个学科训练的学者，马先生的研究更具民族史的特色，他的口述史作业方法，也明显更接近于民族学的田野工作。在我国，民族史作为一个学科于50年代以后才有长足发展，且始终与民族学紧密结合。具体地说，它既是传统史学吸纳民族学理论与方法的结果，也是民族学家为"本土化"进行努力的一个方向。马长寿先生这部书，正是老一辈学者中将二者相互借鉴、相互融通做得最出色的典范之一。该书从今天的学术发展水平来看，也仍然是上乘之作，且同今天的历史学与田野调查相结合、民族学与历史学相结合的两大史学发展趋势暗合。在中国口述史的学术史中，马先生和他的作品无疑具有开拓地位。

进入21世纪以后，我国更多的专业学术机构和学者开始大量参与到口述史的工作中来。不过，口述史在中国的发展，并非如人们所想象地沿着一条单一的路径，即先有部分学者将西方的理论与方法介绍进来，并指导国内学者从事实践的方式而展开。事实恰好相反，国内颇多从事口述史学的学者是直接吸收借鉴西方理论与经验并应用于国内实践的。中国的口述史研究，因此出现一部分人致力于介绍和探讨理论，另一部分人一头扎进实地访谈，二者互不相干的局面。不过，这倒反而使口述史的发展呈现一种"多源多流"的多元化特征，这是近年来口述史学在我国学界显示出蓬勃生机的重要因素。

虽然20世纪90年代以来，口述史作为一个新的学科被引入国内，在推介理论和从事实践两方面略显脱节，但我们并不能因此而抹杀那些积极引进和呼吁开展口述史工作的学者的开拓之功。当然，面对国外学界五花八门、层出不穷而又鲜有定论的各种说法，引入者介绍什么、引进什么，是受本人的学术修养和学术眼光所限的，也是受他们个人的文化背景和当时所处的历史背景所制约的。即使他们介绍进来的都是最精粹、最到位的东西，利用者也会各取所需，也会产生各种各样的误读和误解，这是新鲜事物被引进过程中的普遍现象，不唯口述史如此。

三、口述历史的特点和价值

口述史是历史研究的体裁之一，也是研究历史的一种方法。

口述史最重要的作用，在于凭借录音，将即将逝去的声音原汁原味地保存下来，形成录音文本。这些声音正好有助于我们理解过去，或者足以填补一些欠缺文字记载的历史事件或生活经历的空白。

人类的生存与演化需要某些重要并且有用的信息，口述加工成文字文本，能够成为强势的表达方式，确保这些信息得以代代相传。口述史导入历史研究借此成为一种趋势。

既然是史，首先要阐明的，就是口述史与以文献为据的传统史学的区别在哪里。

根本区别有三：

第一，口述历史的史料是声音，而传统文献的史料是文字。

第二，传统文献不得不局限于保存下来的书面材料，而口述历史面对的是活生生的人，既然与活人打交道，听到的必然是由活人所讲述和呈现的"当下"。对历史的追溯只是活人对过去的记忆，所以唐纳德·里奇有言：被访者的"记忆"是口述历史的核心。正因如此，以口述做"史"，是对史学家的一个重大挑战。实践者对此却往往缺少自觉的意识和认知。

第三，其他研究、表述都是以他者的方式进入，口述史则是以"我"的表述为主的，是现在的我对过去的我的一种诠释。

口述历史的价值是多方面的，也可以从多个层面来看。

1.可以弥补文献的不足。

这是口述史显而易见、众所周知的价值。

文字史料，包括官方文献和民间文书，历来是史家研究历史的主要凭据，但很多重要历史事件和历史人物的相关文献记载，或语焉不详，或付诸阙如，或一面之词，均无法反映历史真相。而且，由社会变迁导致大量档案文献散佚流失更是常有的事。当事人的口述，恰恰能弥补这些不足，为历史著名人物做口述在这方面的作用尤著。唐德刚为胡适、张学良、李宗仁等人所做访谈，以及通过这些访谈反映出来的历史，就是一个突出的例子。

另外，文献虽然有明确记载，但查阅者会出于各种原因，将其忽略甚至视而不见，即使看到了，也会因为思维定式而出现理解偏差。

所以说，"弥补文献的不足"，并不是简单的一句话。

著名学者张玉法先生对口述史的这层作用，表述得颇为全面：

其一，在文字、器物、图像等物证不足时，以口述史作为一种人证。

其二，在文字、器物、图像等物证缺乏时，以口述史作为主要史料，使许多历史课题的研究成为可能。

其三，让当事人参与历史重建的工作，使史学成为人人可参与的事。

其四，由当事人述说亲身经历，可增加历史的临场感、亲切感。①

此外，有形史料往往缺乏家庭生活史、社会生活史和女性史，需要借助口述历史的方法来研究。

2.以口述访问记录检视被"公认"的历史，促使史学家思考重新诠释或重构历史的必要。

所谓的"重新诠释"，其实就是对传统历史的颠覆，口述史最有价值之处就在这里，可以概括为三点：

第一，口述史"自下而上"的视角。

20世纪70年代以来，西方史学界和社会学界掀起"自下而上"的撰史浪潮带来了研究视角的一个根本变化，就是将历史研究关注的对象从上层社会的精英人物转向普通的人民大众，口述史成为他们实现这场转移的有力武器。近年来，口述历史进一步把占人口绝大多数的普通人的行为，尤其是把他们的愿望、情感和心态等精神交往活动作为研究的主题。

平民化的历史，能够让话语霸权外的人们，包括社会底层的百姓，尤其是少数族群和妇女，都有发出自己声音的可

---

① 游鉴明:《她们的声音：从近代中国女性的历史记忆谈起》"张序"，四川人民出版社2020年版，第114页。

能性，这些人的经历、行为和记忆有了进入历史记录的机会，并因此成为历史的一部分。反过来说，它帮助了那些较少享有特权的人，尤其是老人得以获得尊严和自信，有助于社会阶级之间、代际之间的接触，以及由此带来的理解。我们正是从这个层面上，来理解口述史对传统史学所具有的颠覆性的。

第二，口述史特有的"个人性"。

口述史是最具"个人性"的。口述史以记录个人亲述的生活和经验为主，重视从个人的角度来体现对历史事件的记忆和认识。这里所说的"个人"，并不单指大人物、名人，更多是指那些处于边缘的小人物。对于同样的一个题材、一段历史，小人物也会有自己独特的个人感受，他们的人生受此事件的影响，未必就不如大人物、代表人物深刻。而且，那些来自精英人物之外的平民百姓和少数族群口述的人生故事，能够使史学家得以从耳熟能详的历史事件中，发掘出以往被忽略的侧面，以及以往被传统文献遗忘的片段。人们可以由此观察到冷冰冰的制度和结构以外的人性和他们的心态，这正是"新史学"大力提倡的，更是其他史学研究方法难以企及的。

第三，口述史得天独厚的优势。

"新史学"主张要对历史进行多层次、多方面的综合考察，力图从整体上把握。但仅仅凭借传统的文献和治史方法，很难做到这一点。口述史在这方面却有其得天独厚的优势。通过口述，史学家往往能够获得难以在官方文献中寻获的珍贵材料，例如某场战争、某个事件当中个人的际遇，以及家族的移民史、亲属与家族内部的关系等，都可以为长于宏大叙事的史学研究提供必不可少的史料补充。总之，对"人"的理解，是口述历史的核心。

口述特别注重细节，许多问题都在细节之中。许多细节、角度、内容甚至是关键的、更深层的故事，只有口述能还原。口述的长处，是其他的记录做不到的。

口述史能够深化对人及历史的理解。人们需要认识到口述历史不再只是"材料（史料）"，而就是历史本身，并不再以一种论说来解释所有的历史现象。

还有，口述史在某种程度上，可以为历史学研究提供新的研究方向。这一点对于史学研究者来说，显然是颇有吸引力的。

3.更深层次的探讨："记忆的过去"。

从事口述史研究的学者在经历了多年的试验和实践之后，对这个学科有了越来越深刻的体会。首先，从口述史本身角度而言，口述史不但能补白与验证文献资料，而且能触及当事人的内心世界，使历史的内涵不再是冰冷的事实，更包括具有温度的人性内在情感与思维。其次，很多学者已经把关注的焦点从"真实的过去"转移到"记忆的过去"的认识深度。如美国口述史学家威廉姆斯（T.Harry Williams）所说，"我越来越相信口述史的价值，它不仅是一种编纂近代史的必不可少的工具，还可以为研究过去提供一个不同寻常的视角，即它可以使人们从内心深处审视过去。"①口述史能够在揭示历史的深层结构方面作出自己独特的贡献，这点已为口述史学家所公认。

任何一个学科，只要对传统有颠覆、有创新，必然会引起各种争论，众声喧哗，五花八门，并出现不同的目的和方向，这是很正常的现象。虽然口述史目前的门派纷杂，但概括起来，可大致分为两类。

---

① ［美］坎曼：《往事历历在目：美国当代历史写作》（Michael Kammen, *The Past Before Us: Contemporary Writings in the United States*），康奈尔大学出版社1980年版，第392—394页。

第一类，把口述研究的目的从对往事的简单再现，深入到对大众历史意识的重建。这些口述史的参与者并不想被认可为学者，他们的工作也不囿于书斋中的研究，而是积极投入社区工作之中。他们通过口述进入社会，将口述史作为倡导社会正义的工具，并把这种说法当作一个口号、一个目的提出来。1948年，美国哥伦比亚大学的口述历史研究中心在成立时就是如此，他们成立这个中心，就是想聚焦社会的某种改变。

第二类，是由学者所做的学术研究，也就是本书在后面章节中将要详细论述的从专业出发的、规范的口述史。将口述史作为史学研究的一种方式，是我多年来的坚持。

四、口述历史的跨学科问题

口述史虽然被称为"史"（History），但它从19世纪在西方兴起之始，就在各国发展出不同的路数，"跨学科"作为其中的路数之一，被公认为口述史的突出特点，以至于有人提出了口述史究竟是一个专门学科，还是一种可以运用到各种学术领域的研究方式的问题。英国著名史学家约翰·托什（John Tosh）在他所著的《史学导论》（*The Pursuit of History*）第十一章讲口述历史时就说："英国，口述史运动是由社会史学家所主导的，他们对这些论题的兴趣大多由一种积极的社会主义信仰支撑，这明显地表现在他们的内部刊物《口述史》（*Oral History*）上。"①托什的这段话在某种程度上，给社会学家运用口述方式提供了根据。

的确，口述史从兴起之初就受益于社会学和人类学。在社会科学研究或日常开展的社会调查中，口述史方法与各种访谈（深度访谈、焦点小组法等）、民族志实地调查法等都是相通的，所以，它不会完全局限在史学研究当中。但我这里要讨论的是：在人人都喊着自己"跨学科"的时候，如何在实践中运用不同学科的研究方法，又应采取什么样的方式？

事实上，将口述史当作一种研究方式，还是当作一种学科，并不一定非要得出答案，也可以说，不必拘泥于此。口述既不是从史家开始做起，其后也不会完全局限在史学研究

①［英］约翰·托什：《史学导论》，吴英译，北京大学出版社2007年版。

当中。从现实情况来说，大多数对口述有兴趣的人，还是用它来做实地调查、反映社会现状，对于其"史学"的一面，关心的人并不多。

不同学科的学者都是从自己学科的训练出发来做口述史的。即使访谈的是同一个题目，甚至是同一个人，也会有不同的面向，以便解决不同的问题，得出不同的结论。

我想以我自己多年来与社会学家和人类学家的合作与对话，尝试阐述上面的问题。

第一例，我与社会学家的合作。

2014年，我与两位社会学家阮丹青、杨善华合作出版口述史著作《小人物 大历史——北京东风电视机厂黄宗汉口述》①。这场合作让我对史学与社会学的口述做法之区别有些具体感受。

阮丹青是香港浸会大学社会学系副教授，主要研究领域是社会网络、社会阶层与流动等。阮教授与我是多年的好友，这个项目的受访人是她的叔叔。

杨善华是北京大学社会学系教授，主要研究方向是社会

---

① 定宜庄、阮丹青、杨善华：《小人物 大历史——北京东风电视机厂黄宗汉口述》，香港牛津大学出版社2015年版。

学理论、城乡社会学，多年来也一直在做口述史，有《亲历现代中国：北京民众的生活智慧与情感体验》一书出版，与我的《老北京人的口述历史》在题目上相同而关注点和做法迥异。举例来说，他们也做了一位北京胡同中的镶黄旗"姜老太太"的口述，但在访谈记录中特别讲到的是老人的坐姿。他说，在一个小时的访谈中，老人"始终腰板挺直，上身纹丝不动"，并认为这与她的出身教养紧密相关。在另一篇别人对他的访谈中，他提到，观察这些服饰、坐姿都有特定的"意义"，表达出来的是这个人在社会框架中所处的位置、身份。[①]这确实让我很惭愧，因为我做了数十名满族妇女的口述，却从未关注过她们的举止和服饰。

该书起初是阮教授邀我为她在北京的叔叔黄宗汉做个口述，记录他一生无比丰富又跌宕起伏的经历。当时黄先生已年过八十，重病在身，希望有人能为他把这些经历记录下来。几经反复磨合，最终，在为他做关于宣武区的口述[②]之

---

① 杨善华编：《亲历现代中国：北京民众的生活智慧与情感体验》，上海人民出版社2014年版，第39页。

② 定宜庄、阮丹青、杨原：《宣武区消失之前——黄宗汉口述》，北京出版社2014年版。

后，我将他自称一生中的"精彩篇章"，即他在北京东风电视机厂任厂长时期的经历，做成一部口述，也就是这部《小人物 大历史》中的上篇，包括我为他所做的10余次口述访谈，以及用他为东风电视机厂改革保留下来的大量档案作为对比参照，旨在通过对他的访谈，从社会史的角度讨论北京这个城市几十年的变迁和人物的经历。

杨善华、阮丹青二位教授是后来参与进来的。二人的参与使这项工作出现了重要转向，即主题已经不再是黄宗汉的个人传记，而是东风电视机厂的一场改革。参与这场改革的，也不仅仅是黄宗汉这个厂长，而是一个群体，包括相关的领导和上级、黄宗汉的朋友与同事，还有该厂的职工，以及为他写报告文学的作家。于是，对这场改革的反思与回顾，也就不再由黄宗汉一个人来表达，而是来自一个集体对那个特定年代的记录和回忆。两位社会学家是按照他们的学科规范，以他们的视角和方式进入这个项目之中的，这与我最初所做的单纯的口述史，从访谈前的问题设计，到进入现场的方式、提问的角度，都有明显的差异。

除了这部以口述为主的作品，我们也以这些口述与档案材料为基础，分别撰写了专著。其中一部，就是由杨善华执笔、我们三人联合署名的《缝隙中的改革——黄宗汉与北京东风电视机厂的"破冰之旅"》（生活·读书·新知三联书店一版、再版）。

令我备感兴趣的是，杨善华教授作为社会学家，从进入这个口述项目之始，所设计和提出的，便都是从社会学的理论出发的社会学的问题。

在《缝隙中的改革——黄宗汉与北京东风电视机厂的"破风之旅"》一书中，杨善华专拟了一章，论述北京东风电视机厂的改革对于社会学研究的意义（第十章）。在这一章里，他明确提出，之所以关注这个厂的改革，是出于对中国改革开放"社会转型"问题的兴趣。通过探究、分析被调查人所叙述话语的意义，探讨在计划经济体制下的中国城市中，改革怎么会在东风电视机厂这样的体制最核心部分——国有企业发生。他想发现和解析的，是转型过程中那些体制内的"非正式的方式"发生作用的过程和效果，这在黄宗汉身上都有非常具体鲜明的体现，恰好可以填补以往学者因缺乏对实践的深入观察而出现的空白，纠正谬误。

而我更关心的，是黄宗汉这个"人"，是这个人在一个特定时代的命运。我从史家的做法出发，着重的是叙事，而不是理论。

第二例，人类学家胡鸿保教授与我的对话。

胡鸿保教授是中国人民大学社会与人口学院社会学系人类学专业教授，是我在中央民族大学读硕士时的同学。

我是学传统史学出身，本该坐在书桌旁，以爬梳文献、钩沉史籍为务，却偏偏对跑田野、做口述情有独钟。好在有这位人类学家、我的老同学多年来的指点支持以及合作，才使我能够隔行却不完全如隔山，不致盲人骑瞎马般地一味瞎撞。早在我开始尝试做口述的时候，他对于我的"不务正业"就有过批评和认真的思考，我们也不止一次地以对话的方式将这种探讨发表出来，这种做法多年不辍，持续至今。我与他的讨论零零散散，但其中也有一个焦点，那就是我做的各种东拉西扯的东西，究竟属于民族学还是历史学，其中又具有多少"历史属性"呢？

1996年年初，我第一次赴台访学。受郭廷以先生倡导并主持的口述史研究的启发和影响，回来后便跃跃欲试。当我计划以满族妇女为题进行口述采访时，胡鸿保师兄与我有过一场对话，他谈到由这次口述而来的《最后的记忆——十六名旗人妇女的口述历史》^①一书带有"众人传记"的色彩，他认为这是我的"人类学转向"。也就是说，尽管对于清朝历史，尤其是八旗制度和满族妇女生活的熟悉度是我做这个项目的基础，但我更关心的，还是清朝覆亡之后，作为一个群体的满族妇女，她们的经历和命运，这的确或多或少属于民族学的范畴。后来，我以老北京人为题，做老北京人的口述历史，并将39篇对55位老北京人的访谈结集出版（《老北京人的口述历史》，中国社会科学出版社2009年版），沿袭的仍然是这样的路径，也就是说，仍然带有"众人传记"的鲜明特点，8年后，经过补充修订升级的"北京口述历史"五卷本丛书（北京出版社2017年版）也仍然保留这一鲜明特点。

胡师兄还说，我的口述史对"史学属性的问难依然无法避免"。他从一个人类学家的角度来看待我的口述史中的"史学属性"。这不断地提醒我也逼迫我考虑和关注这个"史学属性"的问题。他为我介绍了一部美国女人类学家玛乔丽·肖斯塔克的田野民族志著作《妮萨：一名昆族女子的生

---

① 定宜庄：《最后的记忆——十六名旗人妇女的口述历史》，中国广播电视出版社1999年版。

活与心声》①。

这是当时身为大学生的作者，在1969年8月至1975年间对非洲卡拉哈迪沙漠北部边缘一个狩猎采集部落进行了两次田野工作的产物。在共计25个月的两次实地调查中，她对8位昆族妇女进行了大量的生活史访谈，而最终翻译、编辑和出版的主要是老年妇女妮萨的个人故事。②

我将胡师兄推荐的"'什么不会随风消逝'：《妮萨》创作谈"这篇文章收入我们的《口述史读本》③之中，并写了一篇导读。这篇导读虽然由我执笔，事实上却是在胡师兄的指导下写成的，至少代表的是他的意思。

对于肖斯塔克的田野作业及《妮萨：一名昆族女子的生活与心声》一书，人类学家已有各种各样的评价与解说，感兴趣的读者自可去查找阅读，我在读本中仅仅从口述史实践的角度，对这部并非出自史家之手的成果，提出几个对口述史学可能有借鉴价值的问题：

① Marjorie Shostak, *NISA: The Life and Words of a !Kung Woman*. New York: Vintage, 1981/1983.
②［美］玛乔丽·肖斯塔克：《妮萨：一名昆族女子的生活与心声》，杨志译，中国人民大学出版社2016年版。
③定宜庄、汪润主编：《口述史读本》，北京大学出版社2011年版。

首先，肖斯塔克说，由于自己并不是第一批研究昆族人的人类学家，这使她可以将其他学者收集到的大量数据以及一些文字材料拿来与自己寻找的材料进行对比。这是妮萨所叙述的经历得以被置于一个特定的背景下来理解的原因，这与史学家将口述访谈的稿本与文献相求证以追索其典型意义的做法有异曲同工之妙。关于口述与文献的对比，我在下面的章节中还会做具体的讨论。

　　其次，她提到自己所做的生活史访谈是在没有翻译的情况下进行的私人化访谈，为此她耗费了巨大的精力和时间来学习昆族人那种"与其他语言都不相同"的语言。这正符合做口述史的规范，即用双方能够交流的语言进行面对面访谈的规范。

　　最后，个人叙述的真实性，必须放在特定的访谈关系中，才能得到较好的辨别和理解。她说访谈是两个人之间的互动：处于特定生命时段、具有独特人格特征和兴趣取向的一个人，回答由另一个处于特定生命时段、具有独特人格特征和兴趣取向的人所提的一组特殊的问题。而作为人类学家，她最感兴趣的是在昆人文化中做一个女人意味着什么，而其目的之一正是更好地理解在自身文化中做一个女人意味着什么——这是人类学家会提出的典型的问题。《妮萨：一名昆族女子的生活与心声》一书也因此被视为将个人叙述用作民族志的成功范例。[①]当然，这也是口述史运用于人类学的范例。[②]

两个例子让我认识到，不是所有的"口述"都是史。所以，做口述史研究，要留心跨学科交流，取长补短，可以不拘一格，结合自己的学术专长。郭廷以先生于1959年倡导口述历史访谈时，就明确主张要"与社会科学结盟"，借用各种研究历史的方法，深化对人及历史的理解，不再以一种论说来解释所有的历史现象。其中的"与社会科学结盟"便是要与其他学科交流融合之义。

还有社会学家提出，调查型记者的访谈比我们做得要好很多。我们在什么情况下能比一个记者做得更出色？他的回答是，这就在于我们在访谈之外做的那些东西。社会学、人类学是做长期的参与观察，史学则偏重于对大背景的理解和

①［美］马尔库斯、费彻尔：《作为文化批评的人类学》，生活·读书·新知三联书店1986年版。

②［美］玛乔丽·肖斯塔克："'什么不会随风消逝'：《妮萨》创作谈"，载于定宜庄、汪润主编《口述史读本》，北京大学出版社2011年版，第219—232页。

怎样做口述历史

文献考据。不同学科训练背景有不同做法，表现正在这里。

这里要特别指出的是，如今很多人，包括很多学者，动辄就称自己的作品"跨学科"。须知学科并不是可以随意"跨越"的，这与口述史的跨学科是完全不同的两回事。总之，无论如何跨学科，总还要立足于一个学科，才会有坚实的研究基础。

功夫在访谈之外，重点在访谈之外，这是很多人没有充分注意的。在本书下面各讲中，我还会具体和详细地阐述这个问题。

第二讲　口述访谈之前的策划准备

口述史与传统史学的本质区别在于"做"，在于与人面对面的互动。而与"活人"打交道，永远最变化多端，最无法掌控，也就是最困难。

概括来说，完成一个有价值的口述史作品，必须经历三个过程，一是访谈之前的策划准备，二是现场访谈，三是访谈之后对口述史料的鉴别整理并撰写文稿，缺少哪一个，都构不成一部完整的口述史。这三个过程看似简单，实际操作起来却十分复杂，每一个过程都有不确定性，每一个环节都可能出现问题，每一个步骤，都有许多地方值得推敲和思索。而对于这些问题应该如何处理，又无一定之规，操作过程既具体琐碎，也包含着数不清的争论。

在这三个过程中，需要由受访者来做的，只有第二个，就是现场访谈。其他所有的工作，都要由访谈者操作实行，即使是在访谈现场，主讲的虽然是受访者，但如何引导、如何让访谈依照主题进行而不发生偏离，才是这场访谈能否成功的关键。只不过在人们看到的访谈作品中，由于题目往往是"某某（受访者）访谈"，访谈者的工作和作用却未必会形诸文字，所以每每让人发生误解，认为口述历史是仅凭受访者的口述完成的。我们经常听到有人质疑，为什么某部口述史作品，会有访谈者作为著者署名，他们认为只要写"某某人记录"就可以了。这种对访谈者工作的漠视和误解比比皆是，显然是不了解口述史性质的结果。

我在第一讲已经强调，口述史访谈并非简单的你说我记。从拟定题目、选择被访对象、谋篇布局、引导受访者讲述相关问题、转录成文字稿，直至撰写访谈作业并将其出版，都是由访谈者主导和推进的。这与做其他史学门类的研究，在方法和操作过程上，都有相通之处，唯对象是活的人，而不是固定的、已死的文献而已。

访谈者的作用既然贯穿于项目的始终，所以从口述访谈一开始，访谈者就要主动投入，并且直接参与所有的步骤，精心策划和决定访谈的各项事宜和内容，绝不可置身事外。

本讲的内容，是口述访谈前如何做事前准备。做不做事前准备，能不能做好事前准备，关乎整个口述史作业的成败，却往往为操之过急的访谈者所忽略，甚至有人跟随新闻记者的做法，试图随机采访，理由是如果事前准备的问题太具体详细，在访谈时反而有可能束缚住受访者，使谈话无法深入。但我认为，史学的口述毕竟与新闻采访乃至其他门类的采访不同。我要强调的是，史家做口述访谈，事前如果对受访者的情况茫然无知，口述访谈肯定会失败，我已经见到过受访者由于访谈者的无知拂袖而去的例子。

著名学者许雪姬说："在我从事口述历史将近20年的岁月中，我将口述史事前的准备资料工作视为最重要的一环，其次是拟定问题。临场技巧因已有太多经验，反而是不必烦恼的部分。"的确是经验之谈。

一、访谈前的必要准备

1.定义

确定一个选题之后，接下来要做的准备，就是必须给口述采访的对象下一个准确的定义，就是说，一定要先了解、定义自己要研究的对象。这是目前仍然没有受到充分重视，也因此而导致其后访谈的各种混乱，甚至无法顺利进行的重要问题。

兹举例说明：

前些年，为"知青"也就是知识青年这个群体或个人做口述，曾经是口述史学界的一个热门选题。这里所说的知青，并非如字面上的意思那样，是对有文化有知识的青年人的泛指，它指的是在特定的历史时段产生的一个特殊群体，是曾在学校受过教育，然后在"上山下乡"这个国家制定的政策之下，由政府组织到农村或边疆从事农业生产的那批青年人。这场运动，因改革开放后社会的变革和政策的调整而最终废止。该项运动执行的前提，是20世纪50年代城乡二元体制的确立所导致的城乡之间不能够自由流动。它波及的人群以中小学毕业生为主。那些虽然也曾下放到农村，但身份是干部、职工的人并不在其内。这就是说，不是所有读过书又曾经下过乡的人，就都是这里特指的"知青"。

然而，究竟什么人是"知青"，却是一个多年来没有明确定论的问题。前些年较为狭隘化，不承认回乡知青也算知青，不承认"文革"前下乡的城市知青也算知青，把知青限定在"老三届"（系指因"文革"滞留在学校的初中三届和高中三届的学生）内。近年来又有扩大化的趋势，将凡是读过书，又到农村去的青年，都称为知青。从身份上，把大学、中专的毕业生也包括进来，甚至大肆宣传知青的"上山下乡"，应该从毛岸英被父亲送到农村开始。定义的模糊不定，导致对受访人的寻找引起了诸多混乱，发生的问题不一而足，这里就不一一细说了。

所以，要做"知青"的口述史，必须先划定要访谈"知青"的范围，说明要做的是哪一种、哪个时间段的"知青"：是"老三届"的下乡知青也好，是50年代以后的回乡知青也好，是到某地某兵团或某国营农场的也好。总之，要对所访人有一个明确的定义，这个定义，在某种程度上也可以理解为"范围"。

我做老北京人的口述历史，同样面临着什么是"老北京人"的问题，必须事先做出限定，也就是划出范围。

首先是时间上的断限。如今北京人口已逾千万，我们当然不能将这些人口一概算作"老北京人"。事实上，如今居住在北京的绝大多数人，都是在清朝覆亡之后，尤其是20

世纪后半期以来，从全国各地陆续涌入的。据1937年的人口统计，民国之初北京人口不足百万，1915年将四郊划入后，增至120万，此后民国政府南迁，人口数量稍显减少，但旋即繁荣。据1937年的统计，北京人口为150万人左右。[①]我就是以此为据，以民国之初那不足百万的人口和他们的后代子孙，作为书中"老北京人"的标准。也就是说，这些"老北京人"都是在1911年之前，至迟不晚于1915年就已经定居并且后来也世代居住于北京的人。人们都知道，记忆的遗忘与迁徙是有着直接关系的，唯有这种在居住地相对稳定的人，对于周边的环境、对于祖辈的往事才可能有相对可靠的记忆。

1911年，辛亥革命推翻清朝帝制，是中国也是北京历史上一个关键的转折点。我划定为老北京的这些人，其祖上有过对这场大变革、大动荡的亲身经历，有着对清亡前后生活变迁的对比和对北京百年生活一脉相承的记忆，这是后来陆续移居北京的人所不具备的。我当然希望这个时间的上限还能无限上延，但在1911年以前即已居住于京城的人，如今

[①]《北京市志稿·民政志》卷一"户口"，北京燕山出版社1989年版，第2页。

怎样做口述历史

已不可能尚存于世，只有从他们后人的记忆中，才有找到某种历史延续性的可能。再者，从人们的习惯上，都认为"三代"才堪称老，以30年为一代，三代将及百年，也约略符合本书为老北京人划定的标准。

将时间定为最近100年，还有一个非常重要的原因，这是由口述史这一学科的特性决定的：如果没有诸如族谱、碑文之类的文字记录，也没有为了要子孙后代记忆而编写传唱的歌谣等形式。一般地说，人们的记忆至多只能上溯三代，也就是祖父一辈，再往上溯，往往就只是一些空洞的符号，难得有具体的故事了，而唯有故事，才是记忆的载体，也是口述得以存在和传承的前提。[①]

当然，所谓三代定居北京，也不可能是绝对的。京城的官员到外省赴任，孩子可能就在外省出生；京旗人家没落之后，有可能到外省祖坟上守坟；清末定居北京的移民，子女可能还留在故乡，直到长大才来京跟父母同住。诸如此类。但无论如何，他们的根、他们生活的主脉还在北京，何况这样的进进出出，对于一个大都市来说本属正常，也是研究一

---

① 感谢我的同事胡宝国教授提醒我注意到这个事实。

个城市的历史和现状必须关注的内容。

　　其次是划定地域的界限。北京的行政区域，近百年来一直处于不断的变化之中，总的趋势是郊区日益扩大，尤其是在1949年以后。所以，对于老北京人居住的地域，也是非加以限定不可的。该书选择的被访者，主要都在城区，亦即旧日被包围在城墙以内的地方，其中又包括内城与外城（南城）两部分。至于城墙之外的城郊，我只是有针对性地选择了几个"点"。"点"的选择并非凭空想象，凭借的基础，还是对八旗制度的把握。

　　清代北京实行旗民分治的制度，已经如前所说，但自康熙朝起，就有八旗官兵被派出城，在北京西郊设置了外火器营、圆明园护军营和健锐营，统称"外三营"，从此成为旗人的聚居地，虽然居于城郊，仍属京旗管辖，是京师八旗中不可分割的部分。而他们世代居住的西郊，也因此而受到旗人生活、语言与习俗的深刻影响，并因而构成现今这一带独一无二的文化风情。这样的"点"便成为我选择来做北京口述时特别看重的部分。

　　再有是一些主要依赖城市为生而非以务农为业的那些人，包括当时遍布京郊为君王、权贵和普通居民等不同阶层守坟的"坟户"、养鸭以及养殖各种家畜的农户，以及为庙里画像的画师、工艺品匠人等，我想以此来展示城郊与城市之间存在的相互依存、难以割舍的关系。这在目前北京的城市史研究中还基本上是个空白。至于占京郊为数最多的以耕种土地为生的农民，这里就不再囊括了。

这个"老北京人"在时间和地域上的界限，也是在不断变化的。我后来与北京出版集团合作主编的"北京口述历史"五卷本丛书，就在我2009年出版的《老北京人的口述历史》基础上，对"北京人"的定义做了扩充，将原书中"北京人"限定在"1911年前后不足百万的人口和他们的后代子孙"一条，时间点后延到1949年前后。做这一修改，有众所周知的原因，那就是随着时间的飞速流逝，即使以1949年划线，按被访者当时18岁计，如今67年过去，也已经是85岁的耄耋老人了，抓紧对他们的访谈，已经成为当务之急。更何况，1949年前后是新旧政权交替，新的政治制度、新的社会生活、新的意识形态开始创立并生长的年代，本身也包含有极其丰富的内容。

2.定位

所谓定位，就是将我们所做的这个人或者这群人，置于一个特定的历史背景和历史场景之中，让他或他们的访谈呈现出有意义的内容来。当前一些史学研究被批评为碎片化研究，原因就是没有把个案与整体的制度结合在一起。而不能为研究对象做准确定位，不了解要做口述的这个时代、地域和个体之上并控制这一切的制度，就有被碎片化的危险。

那么如何定位？不同学科有不同学科的路数，对史家来说，定位主要的依靠，是从其他各种来源中获得的对历史背景的了解，这些来源，主要是文献史料。

要想做好口述史，就有必要了解这个研究课题背后的制度。制度史是史学研究的基础，作为"史"的口述史，无论观念多么前卫新颖，也无论对传统史学做了多大程度的颠覆，都不能离开这个基础。这是进入访谈的关键，也是进行一项研究的起点。

了解一项制度，就要查阅相关档案文献，这里不能忽视官方文书的作用。只有对这些文字材料有了一定了解，才能有针对性地进行下一步的工作，就是寻找当事人。我把这些记载了相关制度的文献材料视为"向导"，有了这个向导，访谈的进行才能更有针对性和目的性，才能大致明白下一步应该走向哪个方向，而不致陷入迷途之中。

我做旗人妇女和老北京人的口述，基础知识都来自我多年来对清代八旗制度的研究心得。以《老北京人的口述历史》为例：

既然是做一个城市的口述，就必须对这个城市相应的管理制度有比较全面的把握。北京城从入清以来的管理制度，最重要的就是旗民分治。1644年清军入关进入北京，从此继明朝之后，北京成为清朝的统治中心。与明朝不同的是，清军将明朝时的京城居民悉数驱赶到南城，而内城则安置由关外带来的八旗将士及其家属，北京城从此形成内城住八旗官兵，外城住汉、回等族商民的格局。这种格局具有相当的稳定性，持续到民国时期仍然没有根本性的变动。这样生活在三个不同区域上的不同人群，各自具有鲜明的、不同于其他地域上的人群的特征，却又因此而共同构成了一个整体，那就是一个完整的北京城，以及城中的居住者——北京人。这正是北京这个城市具有的丰富且复杂的多元化特性。可以肯定地说，这样的几个区域，在北京缺一不可。但无论哪一个地域，也不能称为北京城的"精华"；哪一个地域，也不是北京的代表和核心。按照不同地域和人群所做的访谈，既各自独立成编，围绕的又是同一个城市、同一个主题，应该将其作为一个整体来看。

以我所做16名旗人妇女的访谈为例。这是一个地道的史学题目，该访谈所要着重表达的，是清朝覆亡之后旗人妇女的生活和命运。但这个题目有一个基础和前提，就是必须了解清朝的八旗制度。简单概括起来，旗人妇女有两个不同于其他民族妇女的特征。

第一，是她们与八旗制度之间存在的那种无法分离的关系。

八旗制度的特点，就是以旗统人。满族无论男女，都被严格束缚于八旗制度之内，一切生活方式都受八旗制度的严格制约，这是清代满族社会的特殊之处。本书涉及的关于妇女的婚姻、家庭、观念、习俗，都与八旗制度紧密相关。这便是我访谈旗人妇女时的制度基础。

第二，是八旗制度内不同成员的多元性、复杂性。

1644年清军入关之后，分布在京城和各直省以及东北边疆等处的八旗旗人，即使同为八旗甲兵，社会身份和经济地位也各有不同，更何况在河北与东北的乡村，还有专为清朝皇室种地纳粮的庄头壮丁，以及为爱新觉罗宗室守陵的陵户，他们都是清朝旗人的后裔，但生活方式和族群意识迥异，并非个个的祖先都提笼架鸟，更非个个的祖先都生来富贵。不了解这个整体，不了解被访者在这个整体中的位置，不仅无法判断被访者所讲述内容的真伪，甚至无法找到这个访谈的意义。这就是我特别强调定位的原因。

二、什么样的题目适合做口述

首先要说明，目前国内口述史的研究，大多数是以团队为主的集体作业，题目往往视某个部门或单位根据当前政策或其他各种需要而定，毕竟口述史项目的推进需要资金和人力的诸多支持，所以参与者不必为选择题目费心。但我20多年来所做口述史，虽然也得到我所在单位即中国社会科学院历史所的经费支持，却是我个人的科研项目，题目由我个人决定，至多邀请几位学生参加，与现今普遍通行的做法并不一致。这里也以我个人的研究为例。

启动阶段要做什么准备？那就是选择和确定主题。

不是所有的史学课题都适合用口述史来做，换句话说，什么样的题目更适合用口述史，是一个需要选择和讨论的问题。

唐纳德·里奇在《大家来做口述历史》中提到过口述史关注的诸多领域，他说时代变迁是一个持续不断的主题，譬如南非种族隔离后社会的蜕变，苏联瓦解后东欧社会的变迁，还有在阿根廷的布宜诺斯艾利斯收集的关于那场马尔维纳斯群岛战败的记忆，等等。再有，就是那些创伤性事件，譬如地震、飓风、水灾和传染病，这类口述史题材发展迅速。他引亚利桑德罗·波特利的话说，要审视人们忘记了或者弄错了什么，让口述史家意识到审视人们如何去记忆事情，而不仅仅关注他们所记住的事情，这一做法的价值。

这样的选题，留下来的是人类极为宝贵的记忆，当然极有意义。但是，从目前的国情来说，如果口述史一味执着于这样的选题，会给人造成一种印象，就是把口述史理解为是专用来做敏感话题的工具，这样的印象一旦形成，对整个口述史行业来说，都是一种潜在的危险。事实上，社会生活广阔而丰富，历史尤其复杂而漫长悠久，选择有学术价值也有社会意义的课题，无论哪个学科，都并非难事，关键在于学者的学术眼光，还有学术专长和兴趣。

历史学家从一开始的选题，便与人类学家、社会学家有很大不同，人类学家往往选择的是人类社会中的空白点，史家选择的问题却往往都有文字记载。新闻记者关注的是社会热点，社会学家关注的是"当下"的社会现实。史家应该有这样的心理准备，那就是，史家选择的题目，很有可能是不被世人关心的冷门。也就是说，史家选择研究课题，就像其他史学门类一样，应该是以学术价值的高低为标准的。

我选择来做口述史的题目，就是我做传统史学时的题目，譬如我做《满族的妇女生活与婚姻制度研究》[①]，就同时做旗人妇女的口述历史；我做清代北京的旗人社会，就做北京人的口述历史；我做八旗制度研究，就到全国各处在清代有八旗驻防的地方寻找他们的后裔来做口述。然后再在这个题目的基础上进一步延伸。譬如做北京人的口述时，同仁堂的故事引起我的兴趣，便为同仁堂的乐家后人以及老药工做访谈，等等。有些题目看似与我的研究题目无关，例如我最初为黄宗汉做口述，但后来他的讲述还是被我引入北京城市

---

① 定宜庄:《满族的妇女生活与婚姻制度研究》，北京大学出版社1999年版。

史的内容中，也就是我们几人合作的《宣武区消失之前——黄宗汉口述》。

这样的做法，好处是文献与口述可以互相补充、互为参照，这构成了我做口述史的一个特色。

以我的第一部口述史著作《最后的记忆——十六名旗人妇女的口述历史》为例，我访谈了16名清代八旗后裔中的女性，明显带有"集体传记"的特点。我选定的主题，是清朝覆亡之后作为一个群体的满族妇女，她们的经历和命运。其初衷是想为我那些从文献上（无论是汉文文献，还是满文档案）得来的对满族妇女的想象，寻找一种语境、一种感觉。因为我一向认为，准确把握历史情境与氛围，对于写作任何一部历史著作，都是必需的。而"找不到感觉"却正是如今很多史学著作的通病。访谈这些性格鲜明生动、谈话直率诚恳的妇女，带给我太多的惊喜，它使我以前只在档案和文献中看到的满族妇女形象一下子变得丰满，令我不仅对这个群体以及她们身处的那段历史背景有了更多面、更深入的理解，更有了远丰富于文字的层次。

出乎我自己意料的是，我那部关于满族妇女的专著目前很少有人提起，反倒是这部口述的反响要远超过前者，也成为我日后做口述史研究和实践的起点。

1. 群体访谈

本书中有几个常用的名词，容易混淆，有必要在这里辨析清楚：

一是群体访谈。这是一种访谈方式，指的是为两人以上的多人各自所做的访谈，将他们集在一起，可以构成一个群体，反映一个主题，也可以在共同主题的前提下，访谈几个不同的群体。就目前口述史的通常做法来看，大体上还是两种：一种是做群体访谈，即围绕一个主题做多人访谈；另一种是个人访谈，以一个人的经历和知识来撰写一部口述史专著。而我在做了多年口述访谈之后认为，群体访谈是最适合于口述史的方式。

二是集体传记，亦译作"众人传记"（Prosopography）。它与群体访谈有相似之处，但更重在研究，就是"通过对历史中一群人的生活的集体研究，对其共同的背景特征进行探索"，[①]这种方法的特色在于它关注的是人物群体而不是人物

---

① 刘兵：《克丽奥眼中的科学——科学编史学初论》，第2章"历史的辉格解释与科学史"，山东教育出版社1996年版，第166—168页。

个人。^①将此研究范围中所有人物的各类信息加以罗列、组合，再通过对这些信息的考察找出具有显著意义的变量。研究者可以检测这些信息的内在相关性及其与其他行为形式或行动形式的相关性。

三是集体记忆。这是与个人记忆相对而言的、社会心理学研究的一个概念，最初由法国社会学家莫里斯·哈布瓦赫（Maurice Halbwachs）提出，指的是在一个群体里或现代社会中人们所共享、传承以及一起建构的事或物。^②在他所著的《论集体记忆》一书中，他也阐述了集体记忆与历史记忆的区分。关于集体记忆，我们会在下面的讲稿中详细讨论，这里则只讲访谈之前的问题。

口述史就像一个舞台，众多角色相继登场，每个人都可以发出自己的声音、张扬自己的个性，也可以发表与别人不同的意见，同时角色间的互动也可以激起火花。这样构成的一台戏，不仅使事件的描述更加具体完整，叙述本身也更加

---

① 胡鸿保、定宜庄：《读史与行路：满族研究新体验——和定宜庄博士对话，载于《黑龙江民族丛刊》，1999年第3期，第47—51页。

② ［法］莫里斯·哈布瓦赫：《论集体记忆》，毕然、郭金华译，上海人民出版社2002年版。

有趣生动，甚至精彩纷呈。对于很多事件和故事而言，口述史有着其他方式无法企及的便利之处，甚至在某种程度上，没有比口述史更适合的方式了。

可以举一部著名的作品为例，那就是斯特兹·特克尔（Studs Terkel）的《艰难时代》（*Hard Times*），副标题：亲历美国大萧条（*An Oral History of the Great Depression*）。①

在这部书中，特克尔作为亲历者，以20世纪30年代的人生经历为核心，全面再现了美国那场经济大萧条下不同阶级、不同层次的各种人的真实生活，深刻揭示出大萧条对人们的生活、对人们所显现出来的个性和个体认知所产生的巨大影响。他从数百位美国人中挑选出150多人，其中，有"新政"官员、商业巨子、艺术家，还有农夫、工人等，囊括了经历过大萧条时代的各行业、各层次的人士，他还采访了一些没有亲身经历过那个时代的年轻人，这些年轻人对大萧条的理解是从阅读或他人转述中得来的。有人评价说，特克尔的口述史为美国建立起一部持续、宽广、自下而上的平民史，他本人也成为芝加哥城的显著标志和美国几代人的集

---

① ［美］斯特兹·特克尔：《艰难时代——亲历美国大萧条》，王小娥译，中信出版社2016年版。

体记忆。

对我来说，该书最大的启示意义就是作者选择的这个宏大主题，是由一个个不同的个体黏结而成的，这些个体就像一个个碎片，每个碎片都有它的个性和角度，也反射出不同的光彩，这些碎片都因一个主题——一个特殊的时段出现的特定事件而黏合在一起，这不仅使作者要描述的主题能够表现得复杂、丰满、全面，也为读者提供了进入更深邃思考的可能。能在一个主题下，以不同立场、不同角度、不同性格的人来阐述不同的，甚至是对立的回忆，这是口述史最突出的长处，也就是说，用这种群体传记的做法表现一个主题，是做口述史最为适合的形式。

2009年，我的《老北京人的口述历史》出版，采用的便是群体访谈的方式。这部历时8年、访谈50余人、长达百万字的口述史的创作，深受《艰难时代》的影响，也有做满族妇女口述给我的启示。我终于找到一个可以进入北京历史深处并且将它表达出来的门径，也就是通过对若干人进行口述访谈的方式，从个体的角度，亦即从个人的生活经历和生命过程的角度入手，来追溯百年来北京城的历史。我想通过人特别是普通人之口，来看北京人如何记忆和表述他们的过去，他们怎样把个人经历与大的社会环境联系起来，怎样使过去变成现在的一部分，还有，就是他们如何运用过去来诠释他们的生活和他们眼中的这个北京，正是这些，构成了历史记忆过程的本质。

当然，与《艰难时代》一样，这种宏大主题，需要访谈数十乃至上百人的口述史作品，需要耗费大量甚至巨量的时间和精力。大多数人做这样的题目，都会组织一个团队，例如从大学里安排研究生，由多人分头进行访谈。但我的做法是宁可费时费力，也坚持独自承担所有的访谈和整理工作，这在很大程度上有助于我深入思考和直接切入主题。这里我要说明的是，做群体访谈，并不意味着就要集体参与，无论题目多么宏大，也还是由一个人来做最好。

专题访问也可以采用群体访谈的方式。需注意的是，设计题目时必须抓住重点。这里也可以举一个例子，即我为北京著名老药铺——同仁堂所作的《个人叙述中的同仁堂历史》。

通过个人叙事的方式讲述一个老字号企业的百年兴衰史，是我用口述史做的一个尝试。该书分三部分。这三部分的访谈，针对三个不同群体，换了三种不同的角度，围绕的都是一个主题，就是同仁堂这个企业的百年兴衰。

第一部分是对同仁堂中药铺乐家后人的访谈，着重于他们个人和家庭的生活经历，以及作为乐家后人特有的生活状况和感受。我的关注点，是四大房中不同支系的后人所走过的不同人生道路，这正是百年来北京人经历的重大变革的一个缩影。这部分的口述访谈，说到底是每个人的生命史的集合。

第二部分是对几位老药工的访谈，这是个与上述乐家完全不同的群体。我在访谈中也没有用生命史的方式，紧紧围绕的是他们对同仁堂管理制度、制药技术等情况的叙述，询问的是他们每个人的切身经验和体会。之所以如此，是因为他们的这些经验太宝贵也太少受到重视，给予我的印象和紧迫感也太强烈，所以最终决定将这些作为这部分的重心。

第三部分是对远山（化名）个人的访谈。这个访谈既不是个人传记，也不是个人体验，而完全是他发表的对同仁堂这个企业的个人看法。作为一个同仁堂曾经的员工和现今北京的文化名人，他表现出与本书其他被访者截然不同的观念。远山先生将公私合营前后的同仁堂分为两个截然不同的阶段，他重点讲述的是公私合营之后作为一个制药企业的同仁堂。他强调的是，同仁堂首先是一个企业，企业的价值体现的是效益，也就是能否挣钱。他不否认传统的工艺乃至管理方法有它们的价值，但他认为保存和研究这些东西，并不是企业的工作和义务。而在我们对老药工进行的一系列访谈中却发现，他们将同仁堂世代保留和延续的传统，看得比他们的生命还珍贵。已经有读者和我表示，远山的这篇访谈，是全书中最有水平、最有见解的一篇。确实，作为一个企业，究竟什么才是最重要的，这不仅是同仁堂，也是诸多传统企业、技艺面临的深刻问题。远山的访谈，能够让我们在阅读后回过头来，再次反思一些十分重要却被我们忽略掉的问题。这也使我可以从另一个视角对同仁堂这个传统企业做另一种观察和解读。

总之，这样的专题访谈，特别能发挥口述史的长处，那就是在众说纷纭、众声喧哗的背后，能够触及更为深刻的背景和尖锐的矛盾，这比用其他方式的叙述更加丰富和生动，也复杂和深刻得多。

2. 个人传记

为个人做传，是做专家、名人访谈时最常用的方式，我通常不太敢贸然采用，因为口述史的宗旨之一，是让那些不掌握话语霸权的人，包括社会底层的百姓，少数族群和妇女都有发出自己声音的可能性。而为这些人所做生命史的访谈，却往往很难找到中心，很容易就做成"成就史"。迄今为止，我为三个名人做过口述，一个是黄宗汉，一个是常人春，还有一位知名学者，但关于他的作品迄今尚未发表。这里重点谈谈与苏柏玉合著的《"文物人"与"人文物"：常人春、常寿春兄弟口述》[①]。

常人春是北京著名的民俗学大师级的人物，而"文物人"与"人文物"是常人春自己为这篇口述的命题。所谓"文物"，指的是已经成为历史的，再不能重新创造的文化遗迹，而将"人"指代为文物，这一比喻颇具寓意。北京城的历史不仅是那些风景名胜，更是由无数的"人"所承载的一种"文物"。

问题是，如何为这样的"文物人"定位？他们在那个社会中是什么身份？挖掘他们又有什么意义呢？

有关清亡之后旗人作为"遗民"的人生经历，学界的关注点主要集中在宗室上层或底层旗人身上，很少意识到还有一个居于二者之间的、既非大富大贵也非贫穷无告的"不上

① 定宜庄、苏柏玉：《"文物人"与"人文物"：常人春、常寿春兄弟口述》，北京出版社2020年版。

怎样做口述历史

不下"的人群存在。而常家祖父常晓茹，便是被我们称之为"中层旗人"这个群体中的一个典型。他的社会关系包括了京城中方方面面的人物，在与各色人等打交道的时候，他扮演了不同角色，并且在各种角色之间转换自如。这是在清末政局大变迁的特定土壤中孕育出来的特殊的果子，只存在于京城的那个"旧社会"之中。

于是，通过"文物人"来考察"旧社会"的样貌，以及人们如何活动于其中，便成为我们做这个访谈的主题。这个"旧社会"距今虽然尚不及百年，却在1949年之后的历次运动中被彻底瓦解，与之后建立的"新社会"成为截然不同的两个世界。如今70余年、几代人过去，它留给我们的样子，已经越来越支离破碎、模糊难辨，难得有常氏兄弟，能够从自己家庭的角度，对它有如此真切的回忆和描述，这也恰恰填补上北京史研究的一个大空白。

这本口述的触角，已经探入了一个相对较深的社会层面，尽管只是揭开了小小的一角，但让我发现，那是一个陌生的世界，在那里生活的人，他们的行为准则、生活方式、精神状态，都是我很少从其他任何渠道读到或听到过的，无论是文献书籍，还是老人的讲述。而这样的一个社会，却在距今并不太远的数十年前确确实实地存在过。它告诉我们的是，对于民国那个斑驳复杂的社会，特别是对于从那个社会走过来的形形色色的人，我们的认识还太空泛、太概念化和一般化了。我认为，这正是常氏兄弟口述的特别意义。

找到这个定位，就使这部个人传记不再沉溺于常人春这位民俗学大师的成就和那些他津津乐道的红白喜事、婚丧嫁娶以及北京人的穿戴，而是有了更深层的意义。

这部口述史，严格说来还不能算是一部单纯的个人传记，因为我们还做了另一个人，也就是常人春的弟弟常寿春的访谈。将兄弟两人的口述进行对照是饶有趣味的。我们关注的不仅是他们各自的人生命运，更是作为同一家庭出生的兄弟二人何以具有迥异的性格和人生态度，以及对于同样的事件、同样的人，兄弟二人的叙述有何等的相同与不同，并以此来相互补充参照，以使本篇口述的内容更丰满，也更接近于事实本身。总之，作为最后一代亲眼见证了这个大嬗变时代的人物，他们为我们保留了殊为可贵的民众记忆，这是常家兄弟一书的最大价值所在。①

---

① 参见苏柏玉《文献、口述与教学——"考据派"口述史的方法及意义》；梁操雅、梁超然、区志坚主编《多元视角：二十一世纪中华历史文化教育·教育行为卷》，台北市袖威资讯科技2020年版，第311—320页。

总之，对受访者所处位置的反复考量甚至变换，从头至尾贯穿于访谈，看起来隐而不显，实质上却是一个口述史项目有无实际意义的核心。

三、选择受访人

在所有访谈前的准备中，将主题、体裁和定义都确定之后，还有关键的一步，那就是选择受访人。受过专业训练的访谈者，能够挑选出具有"历史价值"的人来完满完成口述作品。所以，如何判定受访者是否具有"历史价值"是很重要的。这仍与对制度的把握是否深入有直接关系。

选择受访人时，有些硬性的条件，譬如年龄。有人认为年龄越大越好，做某个选题时，相关人物有好几个，他们会从年龄最大的做起。但我的选择标准却不是这样，除非是特别重要、缺他不可的人物。一般地说，我会选择那些能够连贯地讲出故事的人。那些什么也听不见，需要子女在旁一句一句地大声"翻译"的受访人，或者只能断断续续讲几句片段的人，我基本上会放弃。回头来看我自己多年的口述稿，发现访谈最成功、讲述最完满生动的受访者，年龄多在70岁上下。到这个年龄，他们有故事般的人生经历，头脑还清晰，口齿还伶俐，也最有讲述意愿。当然，每个人的情况不同，我也访过90多岁但精力仍然充沛的老人，但这都是极个别的了。

1. 以制度史为基础寻找受访人

从理论上说，在主题和定义明确之后，应力求所选择的受访人有全面性和代表性。

还是以旗人妇女为例。尽可能地选择多身份、多层次的旗人后裔，是我选择访谈对象的第一个出发点。从身份上看，清朝的八旗旗人，有宗室贵族与平民之分，有正身旗人与奴仆之分。如今的很多研究者，或仅仅将目光停留在宗室亦即爱新觉罗家族的后裔身上，或只热衷于追踪当今满族中的名人，以至于社会乃至研究者自己，都认为只有他们才是满族的代表和象征，而忘记了他们所能代表的只是满族中一个为数很少的特殊的群体。我虽然也选择了几个皇族与满族上层人士，但却以那些最普通的、默默无闻的下层妇女，甚至是不识字的妇女作为选择的重点，我希望这些访谈能够从尽可能广阔的层面，尽量真实地反映出这一代旗人妇女的人生历程和她们的生活态度。因为只有在这些来自民间妇女的资料与通常带有权力意识的和民族中心主义的正统知识的比较中，我们才可以重新认识被边缘化了的一些人物和日常事件，并借此找到新的意义。

从地域上说，清代八旗，半数驻守京师，是为禁旅，禁旅中又有驻扎内城和居住城郊之分；另外半数分驻各省，为驻防。八旗驻防就其分布格局来说，又可分为畿辅、各省及边疆三类。处于不同社会生活环境的旗人，在几百年大体不变的背景之下，逐渐形成了各自的特点。多年来，我曾专程到湖北荆州、福建福州、山东青州、辽宁沈阳及盖州，直至新疆伊犁，寻访当年的八旗驻防旗人后裔。基于对八旗制度多年的研究，我对这些在不同地区聚居数百年的旗人和他们的不同经历都有基本的估计，寻找被访人也不会漫无目的，因此选择来做访谈的受访者，也都比较有代表性。

老北京人的选择范围，初看起来很广泛，似乎随处可见，却很容易走歪或进入误区。最初制订访谈计划时，我主要注意的是选取不同族群、阶级、性别，以及从事不同职业的人，却未曾注意到这些不同身份的人，其实还生活在不同群体之中。例如，根据文献，我知道京城的大宅门内，居住的很多是清代宗室与八旗官僚上层，却未曾注意到这些人并非属于同一个群体，他们之间还有着八旗外官与内务府旗人的区别，二者通常各行其是，不相往来。内务府旗人作为一个特殊的人群，又与满洲的皇族以及汉族大商人（非一般人们以为的那样与八旗官僚）编织起千丝万缕的关系。在通过访谈意识到这种情况之后，我才开始着意选取内务府旗人中的典型人物作为样本，并最终将其构成以一个人群为对象的访谈。

《老北京人的口述历史》一书开篇的皇城部分，让人一看题目，便以为访的是皇子皇孙和太监宫女，甚至还有某家媒体专门为此想要邀我访谈。但现实却是，皇帝被驱赶出宫后，宫里并非就只剩一片空白，对此，我在开始时并未予以关注，而是后续通过不断地调查了解，才注意到"办理清室善后委员会"①那批年轻人的存在，并由此而发现蕴含于这些人身上的时代变迁的意义。

---

① 1924年10月，冯玉祥发动"北京政变"，囚禁贿选总统曹锟，驱逐废帝溥仪出宫，随即组建"办理清室善后委员会"，负责清理清皇室公、私财产及处理一切善后事宜。"善后"事务之一便是筹建故宫博物院。故宫博物院于1925年10月10日正式宣布成立，李煜瀛为临时董事兼理事长，易培基任古物馆馆长，陈垣任图书馆馆长。

这便提到寻找受访人时值得注意的要点了。但凡列出某个具体题目，无论访谈者本人，还是为访谈者介绍被访者的朋友同事，最容易想到的，肯定都是有代表性的名人，我在做老北京人口述的时候尤其如此。譬如提到故宫，肯定便想到单士元、朱家溍等著名专家，提到京剧，便想到梅兰芳、马连良等知名艺术家。很多人甚至很多专家都认为，如果谈某个领域而不谈这些专家，那么这部口述史就构不成一部完整的作品。

辛亥革命以后，清朝覆亡。1924年溥仪被驱逐出紫禁城，皇宫从此成为故宫。接替皇帝进驻故宫的是"办理清室善后委员会"的一批普通的工作人员，他们"入宫"时多数十分年轻而且家境贫寒，既非传统社会的士大夫，也非接受西方学校教育的知识分子，非新非旧，是很难归类的一个特殊的文人群体。

在为他们做访谈之前，我一直认为他们进驻故宫，无论对他们自己或对故宫来说都是幸运。对于他们而言，能够与举世罕见的稀世文献与珍宝相伴终生是多么的幸运，他们中的很多人最终也成了"国宝"级的人物，这是多么难得的历史机遇。对于那座差点就被当作封建帝制的象征而毁掉的旧皇宫，也正因为有了这些人终生的奉献，才有了今天的完整和丰富。中国文化的一道血脉，也才因此经由他们之手传袭至今。故宫与这些人互相成就，更共同成就了北京文化的"魂"。

然而，问题还有另一面，那就是通过口述访谈走近这些人的后代之后，我更多看到的是我以为的"幸运"背后的平淡、琐碎、失落，甚至悲惨与不幸，灿烂的"国宝"级人物的身边，是更多人的终生失意、默默无闻，这可能更多地反映了生活的本真。口述史的最大优势，就在于能够让这些寻常之人，也有张口说话和得到别人倾听与关注的机会。而故宫百年的沧桑，也能够通过普通人之口，呈现出它的另一种面目。所以我将"善委会"工作人员作为一个群体来讲述的时候，选择的就不仅仅是他们当中那些尽人皆知的名流和代表人物。

再谈京剧。

我选择来做访谈的，第一位是著名京剧演员马连良的侄子马崇年先生。

京剧在北京人的文化生活中，曾经占据最重要的位置，在这部以民国时期为主的口述史中，不为京剧演员的生活留下一定的篇幅，对北京人的描述肯定就不会精彩，就有缺憾。又要找京剧演员，又不想访问名角儿，是我选择一直在舞台上"傍角儿"的马崇年先生的原因。至于他是不是马连良的侄子，对我来说并不是很重要。

不找名角儿，是因为关于他们的各种介绍和描写，无论正史逸闻，都已经太多了。京剧本来就是靠名角儿支撑着的艺术。但我此书的主旨并不是研究戏剧和戏剧史，而是了解那个时代、那个地方"人"的生活，名角儿只是戏曲演员中很特殊的一个人群，他们的生活是不可能囊括和代表整个群体的。而许多其他的演员，或因自身条件和角色的限定，或其他原因，虽未能成为名角儿，却同样受过严格的科班训练，同样在演出时一丝不苟，同样孜孜于自己的追求，也同样从这样的勤奋中感受快乐，并因自我价值的实现而获取满足，观众也因此能从这样的演出中获得精神享受，京剧艺术也正因如此才能达到那样的完美和精致。马崇年先生就是这样的演员中的一个。谁又能说如今京剧或其他传统剧目的衰落，与再难找到如此敬业的配角没有关系呢?!

我为马崇年、马崇禧兄弟二人所做口述，未能收入《老北京人的口述历史》书中，原因是当时有评审专家提出意见，认为有那么多京剧名角我不去访谈，偏要将一个配角的访谈放入，不能反映当年京剧的风华，也不具有代表性。我发现人们约定俗成的观念，即涉及一个领域就必找名人（而且这个名人还往往只是被宣传所扩大了的名人，未必是这个领域中最优秀的那个人）的观念，是我根本撼动不了的。而这篇访谈因此未予发表，我一直引为憾事。直到后来北京出版社为我再版"北京口述历史"五卷本丛书时，我才得以将这二人的访谈收入。我始终坚持认为，小角色里也有大演员。而且，即使只是跑龙套的小演员，甚至是所谓的失败的演员，也会有他的悲欢、他的生活，有关他的这一切同样是值得记录的。

2. 介绍人（Gatekeeper，守门人或译为看门人）[1]

虽然从理论上说，在访谈开始之前，就要对寻找什么样的受访人有自己的选择和判断，但这种找人的方式却过于理想化了，我们不可能根据自己的需要，凭空寻找到完全理想的受访人。

这里便要提到一个很少被人提到但又不可或缺的环节

---

[1] 感谢苏柏玉把社会学的这个概念引荐给我，并多次与我讨论相关问题。

了，那就是在做口述的过程中，找人要通过的是"人脉"，也就是通过关系。我通常的做法，是确立一个主题之后，便在我相识的朋友、熟人中，再三考虑谁有可能认识适当的人，请他帮助我联系。也有不少是朋友、同事在知道我做口述史后，发现某个我可能会感兴趣的人物，便主动推荐给我的。譬如，我起意做满族妇女口述，是在与北京大学的印红标教授的一次闲聊中，偶然听他提起他岳母是旗人，并提到她在家中经常讲述1900年八国联军入侵北京城时合家"殉死"之事。印红标教授与我讨论这个"殉"应作何解，引发了我的兴趣，然后由他陪同，访问了他的岳母，即祁淑洪女士。在我做的所有口述史的正式访谈中，这是第一篇，也是我后续将近20年里持续不断地为北京人做访谈的开端。正因为祁女士的讲述实在生动，实在精彩，才给了我日后投入这项工作的兴趣和信心，而且从某种意义上说，也为我日后的访谈方向，提供了某种启示。

在这件事上，印红标教授充当的就是介绍人，也就是社会学和传媒学所称的"守门人"的角色。

"守门人"，这是可以专辟一章来讨论的，因为他们的作用太重要了。以我做《老北京人的口述历史》为例，这些介

第二讲　口述访谈之前的策划准备

绍人很多是我的朋友、同事，也有热心于满族活动的人士。他们为我推荐的，大多是他们的父兄长辈，或者是相处多年的、非常熟悉的街坊（父一辈子一辈）或发小儿（从小一起长大的朋友）以及铁哥们儿。他们推荐给我的受访人的标准，基本上有两点：一、与他们"够得着"；二、"知道您想问的那些事"。另一方面，是他们也会将我的情况尽可能地向即将成为的受访人介绍，会告诉他们我是什么人，为什么要来问这些事，等等。

既有介绍人热心推荐，介绍人又往往是受访人熟悉并且信任的人，这是我多年来做口述能够顺利进行并往往得获成功的保证。一般地说，我不会贸然到一个陌生人的家中采访，尤其不会在公园等公众场所对随意遇到的人进行访问。有学者提到，有些课题必须有一定资源才能进行。我想，所谓"资源"，除了资金，这样的"人脉"更应该包括其中。

这便是我的经验之谈了，几乎所有做田野和口述的学者，面对一个陌生的世界或圈子，总要有人带领才能进入，这个带领者，或多或少对那个圈子的情况有所了解，对那个圈子里的人有些熟悉，由他带领做田野或口述的学者进入时，有很多东西或许会经过他的过滤，这很类似于社会学和

怎样做口述历史

传播学的"守门人"。

发明这个"守门人"概念的著名学者库尔特·卢因在《群体生活的渠道》一书中提到，在群体传播过程中存在着一些"守门人"，只有符合群体规范或他们价值标准的信息内容才能进入传播的管道。这很像是家庭主妇决定购买食物及向家庭成员推荐食物的过程，认为信息沿着包含着"门"的某些渠道传播，传播能否顺利进行总以守门人的意见作为依据。

这是一个很好的比喻。在我寻找受访人的过程中，就有一些类似于"守门人"的介绍者。就以家庭主妇为例，她会根据自己和其他家族成员的口味来选择购买什么样的食物，如果觉得某种食物不合口味或者不健康，也会在购买时将其淘汰。当然，也会有极个别的主妇会在购买食物时"克扣银子"，还会把脏水泼给卖食品的人。无论出于好心还是别有用心，用卢因的概念来看，就是有时沟通渠道受阻，是"守门人"将"门"关闭的结果。

不过，为我介绍受访者的大多数人，应该不是或者不完全是这种"守门人"。譬如我做满族妇女口述时，为我推荐受访人的，不仅有上面提到的印红标教授，还有一些，或是我的同行，或是热心于满族活动的人士。为准确起见，我在本书中，不用"守门人"的概念，而是用"介绍人"一词。

介绍人在我的口述访谈中至关重要，这里试举两例。

在我将近30年的口述访谈活动中，给予我支持和帮助最多的一个人，就是佟鸿举先生。早在我做第一部满族妇女口述的时候，他就曾在寒冬专程陪我到呼和浩特，为他的两位满族长辈，即他的祖母和外祖母做了口述，使我对这个号称"屏藩朔漠"的绥远城驻防八旗旗人的社会与生活，第一次有了生动具体的认识。小佟（他不让我称他先生而让我称小佟）为我介绍和推荐的人物远不止此，在《最后的记忆——十六名旗人妇女的口述历史》中，还有一位也是他特别推荐的，就是毓臻女士，他同样陪同我去为她做了访谈。后来，我做"文物人"常人春先生的口述，也是由他介绍并陪同我去采访、拍摄的。秦老胡同增家后人察世怡先生，也是通过他的关系做的口述。

因为相识相助多年，小佟清楚地知道我要的东西是什么，他为我介绍访谈人物时，很像购买食品的家庭主妇，不必多问，就知道我的口味而且可以做出决定。他也会在得遇某个机会或某个人物时力荐于我，成为我与满族诸多人士之间沟通的重要渠道之一。

第二位是张海燕。我对同仁堂产生兴趣，缘于在《老北京人的口述历史》中对乐曙青先生的访谈，他是同仁堂乐家四大房中大房乐益卿的后人。我访谈他的目的，是想了解这些老药铺的子孙们的生活，而不是同仁堂的发家史。即使后来通过乐先生又进而访谈了乐家几个后人，也仍限于乐家四大房后人对乐家当年情况和自己生活的回顾，直到我见到张海燕女士。海燕当时在同仁堂负责宣传工作，与同仁堂一众老药工保持着良好的关系。这是位名副其实的"守门人"，是她为我打开了进入同仁堂历史的大门，也使我的口述完全转到了另一个方向，那就是在老生常谈的资本家生活之外，那些为企业贡献毕生心血精力的老药工。我至今仍然认为，我所做同仁堂项目中最精彩的篇章，就是为这些老药工做的口述。我在书中没有特别提到并感谢她的原因，是我将她列为了该书的作者之一。

既为该书作者，便不再仅仅是介绍人的角色，而是访谈者的一员乃至合作者了。其实不唯她和小佟如此，另外有些介绍人，也有参与访谈进而从事研究的兴趣。这就说明，介绍人这个概念其实是相对模糊的，并没有明确的界限，而是可以随访谈的情况随时变化的。

至于介绍人在口述现场对受访者的影响，我在下一讲还要详述。

还应提到的是，在访谈过程中，寻访对象会不断发生变化，我会发现有些人并不合适，而有些不在计划之内的人也会出现。有时候，受访者在得知我访谈目的后，还会主动为我联系他认为合适的人。经由受访者介绍，一带二，二带三，社会学将这种做法叫作"滚雪球"。这样带出的受访者，访谈效果往往更精彩，但这就需要访谈者的运气与功力了。

四、采访前的具体准备事项

访谈前还要做些具体安排，例如要了解受访者的背景及所经历的历史事件，包括出生年月、籍贯、出生地、学历、经历、家庭、朋友关系、思想与重要著作、大事年表，并将访问主题纲要与题目列一清单，有助于访谈进行。

再如，接洽安排、准备器材、约定场所和时间等，相关说明在各种讲述口述史的文章和书中都有，故不再讲述。

第三讲　如何进入访谈现场（上）

　　上一讲提到，做一个完整的口述访谈，必须经历三个过程，这三个过程中的第二个，就是现场访谈，是整个口述史项目的中心，关乎这个项目的成败。对口述现场的引导和把握，也是最考验访谈者水平和能力之处。

一、如何进入现场

　　口述史实践的核心内容，就是受访者和访谈者在现场所做的面对面的谈话。这种对话可以是一次，也可以是一而再，再而三的多次，但访谈者必须亲临现场，这是对口述历史工作者最起码的要求。

受访者和访谈者之间的相互作用，被很多学者称为"合作性"，是口述史学最突出的特征。"合作"之义，就是受访者和访谈者双方一起参与口述历史的记录，任何一方的作用都不可忽视，只是双方所肩负的责任有所区别。历史不再是作为主体的研究者的"专利"。受访者可以积极地向访谈者讲述自己的故事，阐述自己的意见。尽管访谈者有权利根据自己的想法设置问题，但受访者也有权利回避或隐瞒事实，并且有充分的自由为自己辩护，他们既是口述史学研究的客体，又是口述史学研究的主体，这就使口述历史不再是访谈者单方的产物。而做口述史的难点也就在这里。

口述史实践中充满各种变数，许多从事口述实践的学者，都提到过在现场访谈中所感受到的紧张和压力。

受访者与访谈者一旦面对面，肯定会相互观察，也会用各种方式相互试探。从访谈者一方来说，给对方的第一印象是很重要的，要尽量得到受访者的信任与好感，并使其产生倾诉的意愿。

要做到这一点，访谈者首先要端正态度，要将受访者作为一个"人"来尊重和了解，而不能仅仅将对方作为某个事件、某个话题的载体，或者仅仅将他看作是活的史料。

与此相对的，受访者也是活生生、有感情、会思考并且时时刻刻都会发生变化和流动的人，他们面对不同职业、身份、年龄和性别的访谈者时，也有他们自己的主动性，有不同的反应和表现，并能够以此来作用、影响访谈者。

这里从具体实践讲起：

1. 访谈地点

按照惯例，访谈地点都由受访者来定，以在受访者家中最为合适，有时也会在受访者的办公室。因为是受访者熟悉的环境，他们会表现得更自在，也因此而更自信。有些情况下，受访者会把访谈者邀约到某个茶馆或咖啡厅，可能是受访者的家中有些不便，也有可能是其他原因。例如，2004年我到台湾为东普老先生做第一次访谈时，他们夫妇约定的访谈地点，是台北101大厦的咖啡厅。那个现已成为台北地标的大厦当时尚未完工，咖啡厅也是刚刚开放，在这个看起来摇摇欲坠的大厦中谈着遥远的北京的旧事，给我一种很奇异的感觉。而东普夫妇特意邀我来这里，有一个可能，就是毕竟当时两岸开放不久，双方之间都还心存某种戒备和顾虑。再一个，找这样一个消费昂贵的地方，既是招待宾客的仪式，也是他们身份的一种隐性的说明。在这之后，我与他们夫妇往来将近20年，我再去拜访他们时，就都是直接到家里，再没有履行过这样的礼数了。

再如，初次拜访佘幼芝，我的印象尤其深刻。佘女士讲述了一个为明末抗清名将袁崇焕守墓十七代的故事，说的是名将袁崇焕被明崇祯帝诛杀时，有个一直跟随他的姓佘的义士，冒着生命危险，将袁崇焕的尸身偷偷盗出，埋葬在家中的后园，并嘱咐子孙要代代相守，子孙遵从他的遗愿，代代相传，为其守墓，至今已经守到第十七代，佘女士就是第十七代传人。

我初次去拜访她，时间是2001年的1月。她当时的住址是在北京市崇文区东花市斜街3号，那里旧称佘家馆，即袁崇焕墓之所在。那年北京冬季多雪，当日京城一片雪雾迷蒙、路滑天寒，佘女士那位于胡同中的逼仄潮冷的居所，与她激越高亢的谈话主题构成鲜明对比，至今犹令人难忘。

2002年8月，袁崇焕纪念馆的重建工作已经启动，我曾再访佘女士的旧居，但见这一带比屋连甍的胡同民居已荡然无存。2003年，我也再访过佘女士，她的新居虽然条件远好于曾经的陋室，却已经与南城一般的居民楼无异，我也再找不到当年踏雪访旧的感觉。然而，我在失落的同时亦觉庆幸的是，毕竟我还在旧居中做成了一次访谈。如今再见佘女士，无论在她的新居，还是在这个焕然一新的纪念馆，都不可能再找到当年的气氛，口述的味道也改变很多，由此令人想到的是，做口述访谈与钻研文献的一个重要区别，也许就在于口述时"情境"所起到的不可忽视的作用吧。

访谈的场所无论是在受访者家里，还是在其他地方，能够从容地讲话非常必要。但无论安排在什么地方，都要考虑受访者的安全，对于年纪较大的长者，如在外进行访谈，要确定是否有陪同照护者，否则务必亲自护送。

2. 举止与穿戴

与受访者初次见面，经常令访谈者感到紧张，这是对访谈者的一种考验。一些在平时看来的小细节，往往也会造成很大影响，譬如举止穿戴，我便有过一次教训。

2015年8月，我在台北邀约了一位昔日的京剧演员，京剧名角马连良先生的侄子马荣祥。这是由马连良先生的另一个侄子，在北京工作的马崇禧（他们是兄弟三人，马荣祥是老大，老二马崇年已经去世，马崇禧是老三）的侄子马喆推荐并为我电话联系的。

那天我与马荣祥先生约好，在台北的某宾馆大厅见面，可是我到了那个宾馆，却一直未见到人，但见旁边座位上有个老人笔直地、目不斜视地坐着。我以为，如果是等人，目光总会四处巡睃，而且见有人来，总会打量一下，所以根本没想到他就是马荣祥先生。后来实在等不下去，我便往他家里打了个电话，还好有他女儿在家，说是一早就出发了，我问她老人有什么特征，她说就是与马连良长得一模一样，我不好说我根本不知道马连良长什么样，只好又问她老人穿什么衣服，她说说不好，但是戴副眼镜，还挂着把伞。我便起身从那个老人身边来回走了几趟，但他仍然不动声色，我于是下决心走到他面前，问他贵姓，回答姓马。竟然就是他！他说如果我再不来，他就走了。随后，马先生与我便有了下面这段对话：

马：刚才跟着你的那俩孩子是你的儿子啊？

定：不是，是我的两个学生。

马：噢，我看你跟当地的人一样，我没有注意嘛。马喆也没提你是什么样什么样，也没提。

定：您看两个男孩子跟着我，您就⋯⋯

马：我也不敢问哪，你穿得也很随便，也没像大陆来的那样干干净净的。

定：我应该穿得整齐一点儿。

马：整齐一点儿比较好。

我才明白，我差点因为穿着过于随便而误了大事。由于在台北待的时间较久，所以我不像专程参观访问的人那样穿得正式，加上那里天气炎热，我只穿了一件T恤，他觉得我对与他的这场见面不太重视。后来，我的徒弟杨原告诉我，比起一般人来，演员因其职业习惯，对着装打扮比其他人更在意。这确实是我的疏忽。所以从那以后，只要有访谈，应该穿什么样的服装，便成为我认真考虑的事。总的来说，访谈着装虽然不必鲜艳漂亮，但整洁和正式还是重要的。

再说在现场访谈时所坐的位置。进入一位受访者家中，访谈者坐在什么位置，是很有讲究的，与受访者保持一个什么样的距离也是有讲究的。首先不能相隔太远，要既便于讲话，也显得彼此亲近。同时，访谈者也要有保护自己的意识，要与受访者适当保持一定的距离。

3. 介绍人

上一讲说到，我一般去做访谈都要经过介绍人，在向我介绍受访者情况的同时，介绍人也会告诉受访者我是什么人，为什么要谈这些事，等等。不过，即使是这样，进入现场时也不必急于进入正题，最好是先做些家常式的寒暄。这时，双方其实都处于观察、试探的阶段，虽然有些访谈者认为没必要说这些"废话"，但事实上，这种试探性的对话，对于下面的正式访谈，就像一场热身，是很有必要的。

有一些受访者就像宝藏，但可遇不可求，能够找到他们并且让他们接受访谈，必须归功于介绍人。我能够有机会对刘曾复先生做访谈，就是这样。

刘曾复（1914—2012），生理学家，对普通生理学、电生理学、整合生理学均有研究，也是生物控制论、生物医学工程学等交叉学科的积极倡导者和推动者。他自幼酷嗜京剧，在京剧艺术方面造诣亦深，会戏颇多，文武皆能，被后辈誉为当代京剧界的"通天教主"。

我得访刘老，是通过我的小妹，她那时是北京大学生物学系张人骥教授的学生。张人骥的父亲张锡钧[1]，是中国第一代生理学家、中科院院士，与刘曾复有师生之谊。他们的往来交谈，都是生理学家之间的事，我当然不懂。同时，我不看戏，更不懂戏，也就是说，对于生理学和京剧二者，我是同样的一窍不通，对于刘老在京剧界的地位，也同样是懵懵懂懂。我敢贸然闯入刘老家中不知深浅地与他谈戏，应该归功于我的无知，这让我多年以后想起来，仍觉汗颜无地。直到我为他做第二次访谈之后，才从王政尧先生和赵珩先生处得知他在京剧界的地位。赵珩先生还告诉我，即使是名演员，要想从他学艺，也要有"程门立雪"的精神。我直到这时候才明白，我贸然闯入的，是一座宝山。而我之所以有这样的幸运，是因为刘老说过，在他心目中，他最看重的并不是戏，而是他的专业，他的专业比他的戏好，而他的戏又比他画的脸谱更好。他对通过他的专业同行介绍过来的访

① 张锡钧（1899—1988），生理学家，中国科学院生物学部委员（院士）。1899年生于天津市。1920年毕业于清华学堂。1920年至1926年留学美国，相继在芝加哥大学及芝加哥大学罗虚医学院（Rush Medical College）学习，先后获得了理学学士、医学博士和哲学博士学位。1926年回国后，历任北京协和医学院生理系教授、主任、教务长等职。后曾任中国医学科学院基础医学研究所教授，中国医科大学生理教研室主任，中医研究院针灸经络研究所所长等职。

谈者，比对京剧行业的人要更重视，这是很多人无从了解的。当然，即便如此，能受到刘老的礼遇，能让他敞开心扉，多次与我倾心交谈，要归功于他的涵养和善解人意，因为对我这样的外行，一切要从开蒙讲起，需要的是足够的耐心。

这段话中，他所说的他对通过他的专业同行介绍过来的访谈者，比对京剧行业的人要更重视，便是介绍人的作用了。

刘老是将我作为一个学者与我谈话的，尽管文理不同行，但学术研究的道理和规范都是相通的。这是我们二人能够对话的基础所在。我从事田野调查和口述20多年来，可以说是阅人无数，但能够像他这样把对方当作学者予以尊重和理解的人，并不多见。

再有一人，是常人春先生的弟弟常寿春，介绍人是北京出版集团资深编辑杨良志。常寿春一听是他介绍我们来做访谈，眼神立刻发亮，足见他对杨先生的尊敬，同时他也立刻就明白了我们的来意，也立刻就领悟到我需要了解的东西是什么。常寿春先生与他哥哥一样，谙熟北京什刹海周边各种掌故，找他的人五花八门。但他与我们不兜圈子，直接就进

怎样做口述历史

入正题，好几次超时长的访谈，他的态度始终直率而认真，我从这场访谈中，也确实受益不浅。

对以上两位的访谈，能够做得比较成功，介绍人起到了重要作用。

当然，有时情形就有些微妙了，不妨也举一个例子。

我得访中国著名指挥家李德伦的两个妹妹李滨和萧成（化名），得益于她们两人的外甥女李南。李南与我自幼相识，是北京话中的"发小儿"，她母亲是这两人的姐姐，也是著名的话剧演员，但当时已经因病逝世。我去访李滨时是李南陪同我去的，李滨对我呼来喝去，很不客气，我以为她习性如此，也没有放在心上。可是不久之后，她与我们社科院的一个研究员见面时，态度却特别谦恭，绝不像对我（同样也是社科院研究员）时那个样子。我后来才醒悟到，她是把对她外甥女的态度移到我身上来了，她对李南什么样，对我就什么样，谁让我是她外甥女的"发小儿"呢。

这就表明了，介绍人的身份对于访谈者将如何进入现场，是很重要的。再明确说，访谈者的身份往往是被介绍人界定了，这也不是受访者能够把握的。

说得远一点，有学者谈到，1950年传播学者怀特将社会学中"守门人"的概念引入新闻传播，许多研究者沿着这一思路深入开掘，形成了一系列的学说。我觉得，"介绍人"的角色在口述现场的作用和影响，应该也是其中一个很好的研究课题。

4.旁听者（陪同者）

做口述访谈，一对一当然是最理想的状态，但从我的实践经验来看，真正能够做到一对一的时候很少，大多数情况下总会有其他人参加。受访者的家人、子女，他们或出于好奇，或出于担心，会从头至尾陪同在侧。这固然可以理解，但他们造成的困扰，有时也让人十分恼火，譬如随意插话，或打断老人的讲话，阻止老人讲述某些话题，甚至我还遇到有子女当场与老人争吵起来。这让访谈者很无奈，也只有好言相劝。

还有一种陪同者，我很少在讲述口述的文中提起，在实践中却是遇到最多的，那就是配偶。这是个说起来十分有趣的话题。如果受访者是男方，情况一般比较简单，他的妻子或者默默旁听，或者就走开去做自己的事，当然也有特别情况，妻子会担心丈夫讲多了出事，而跑出来打断。我也遇到过在家中特别强势的妻子，会当场对丈夫大声呵斥，但这样的情况是极个别的。

反之，当受访者为女方的时候，局面就很复杂了，大多数的妻子很难在男人面前放开自己，侃侃而谈，有不少男人在妻子讲述的时候会公然打断，说她不懂。不过，我也遇到访谈时老两口互为补充、互相鼓励的场景。

最有趣的一次，是在台北为乐崇辉先生所做的访谈。乐先生是北京同仁堂乐家二房乐泳西的三子，这是我那本《个人叙述中的同仁堂历史》已经出版之后，再次采访的一位同仁堂后人，我对这次短暂而难得的访谈的定位，并没有拘泥于乐老先生个人的生活经历，而将重点放在台湾同仁堂60年的发展经历上。这样做的原因，一则是同仁堂在台湾这几十年的发展本身就是一个饶有兴味的传奇，再则是我那天面对的，并不是乐老先生一个人，而是他的全家：他的妻子刘玉梅女士、儿子乐觉心先生，还有觉心先生的妻子和女儿。读大学的小孙女是被长辈们特意叫来旁听的，因为他们认为她有必要了解同仁堂的历史。这使访问计划从本来的一对一访谈，变成一场温馨的座谈。他们愿意与我分享的，是他们一家人与这个老药铺一起，在海峡那一边的故事。刘玉梅女士作为亲历这段历史的过来人，表现尤为生动。

那天，刘女士一直坐在旁边，当乐先生讲他初到台湾时的生活时，她有一段很长的插叙，讲她当年嫁给乐先生，是因为她的哥哥与乐先生相识，他俩的婚姻也是由她哥哥做主，而她母亲则一直担心乐先生哪天会跑回大陆，所以在她哥哥那里为她存了一笔钱，直到临终时才嘱托她哥哥交给她。她讲道：

> 妈妈怕我当初结婚给他带到大陆去了。她说人家嫁个女儿，一个月回娘家好几次，你嫁到大陆去了，说不定好几年都回不来，万一你被人家给丢了，不要了，你回来路费都没有，这是给你准备的路费。

我听了很心酸。这段故事用她的"台湾腔"讲起来，特别生动，这是对乐先生人生故事的一个很有意义的补充。有意思的是，乐老先生在她插言的时候没有一点不耐烦，还一副听得津津有味的样子，于是现场便一派其乐融融的景象。那是我做现场访谈时难得见到的场景，可惜这样的和谐场面并不多见。

我在北京访问同仁堂另一位后人乐曙青的时候，一直坐在他身旁的妻子金玲女士也起到很好的作用，这是开场时的对话：

定宜庄：您是同仁堂的后人，同时也是一个老北京人，我想了解的，是您的生活经历，是从您的角度反映出的当时的北京。我不是想向您了解民俗，每个人眼里看的民俗都不一样。

乐曙青：我跟您说句实话，我生活的面很窄，那阵儿上下学啊，家里有洋车，由车夫给送去，再接回来，后来是自己骑自行车。街上卖小吃什么的，我从来没吃过。

定：从来不知道街上卖什么小吃，这也是一种生活啊。

金玲（对乐）：这回我明白了，就是让你讲你的生活圈子，你接触的那些东西，你的感受，能说多少你就说多少，不一定非得说同仁堂。

定：对。

乐：很可惜的就是老人都在的时候我没问过，老人跟饭桌上也很少说这些事。你说人家都是"痛说"革命家史，我们家这算什么？

乐曙青对我的采访有所顾虑，而最先理解我访谈目的的，是金玲。在我为乐曙青做的多次访谈中，她一直陪同而且从不抢话，虽然话不多，但始终是最了解我意思的那一个，乐先生对她也很尊重。金玲是清代肃亲王之后，但她从没有对我提及过这一点，这是个很有素质也很聪明的人。

负面的例子比较多，就不方便在这里一一列举了。但我觉得，观察这种夫妻关系、父子关系，就像社会学家认真观察人物的举止衣着一样，是与受访者面对面时不可忽略的重要情节，其中的信息量之大，可能超过其他内容。

一般地说，我邀约受访者的时候，会设法避开关系中的另一方，尤其是访谈女人的时候，尽量不要有她的丈夫在场。令人遗憾的是，我曾很想将其作为访谈对象的几位妇女，就是因为无法避开她们的丈夫，始终未能约成，十分可惜。

我做访谈的时候，经常也会有人同行，有对此题目热心并且好奇的介绍人，也有不少年轻学者和学生。他们都会默默旁听，而不会像家属那样随意打扰和参与。但有时候，有他们的参与是非常有趣的。譬如我曾走访过一位知青，他一开口就说："我是老三届的。"我转头问旁听的几个年轻人是否知道什么叫"老三届"，一个个竟都摇头不知。再如我向黑龙江大学的吴雪娟教授询问有关袁崇焕后裔之事时，她说，金庸的小说《碧血剑》里有位虚拟的袁崇焕后代，叫袁承志，年轻人都知道的。但是陪同她一起来的那位小博士却一脸茫然，让我恍然发现，这位小博士已经是热衷于读金庸小说的那一代人的又下一代了。这提醒我，对一些名词必须加以注释，这不仅是重要的提示，其实也饶有乐趣。

二、学会倾听，抓住亮点

我的师兄胡鸿保在就我如何做口述史的一次谈话中，曾问我在口述访谈中怎样才算"会问"，我回答说，首先是要会听。

访谈正式开始之后，访谈者一定要全神贯注，认真倾听受访人讲话，这是对受访者最起码的尊重，也是访谈能否顺利进行的关键。令人遗憾的是，很多访谈者做不到这一点。

有些人是不会倾听，或者是没有听人讲话的习惯，这种情况在如今的年轻人中比比皆是。还有更多的，是听不懂别人讲话中包含的意思，所谓"听话听声，听锣听音"，需要的不仅是认真仔细的态度，往往更是社会经验和人生阅历。

倾听，在现场访谈中最紧张、最辛苦。因为不仅要认真地、全力以赴地听受访者讲话，不敢分心走神，同时还要抓住稍纵即逝的亮点，思考下一步如何提问，这种需要精神高度集中的场合，对访谈者的身体和精力都是一种考验。

受访者千人千面、千差万别，有些人年纪较大，讲话不清楚，有些带着我们通常说的口音或者方言，加之在很多情况下，受访老人居住的条件较差，光线较暗，甚至有些味道。我就曾多次看到有些参与访谈的人表现得不耐烦，甚至在老人咳嗽、吐痰时表现出嫌恶的神情。而最普遍的就是眼神的游离，显然并没有认真在听。其实受访者虽然不说，但对这些态度都很敏感，这样的表现往往会影响到他们讲述的兴致。

即使在态度上没有问题，访谈者最经常出现的问题就是心急。这样的情况相当普遍，有位学者就提到，在他经历的访谈中，曾多次听到受访者抱怨，说访谈者只取自己所需，达到目的起身就走，并没有耐心和兴趣认真倾听受访者的诉说。这样的情况可能更多表现在一些新闻采访上，从采访记者的角度来说，这也属正常，新闻具有时效性，很多热点转瞬即逝，记者们不可能有时间和精力对一个受访者做深入访谈，他们甚至顾不上受访者的感受，而且，关心受访者也不在他们的本职工作范围之内。但做口述史的访问，这样的态度是不能允许的。

前面提到，我在台湾对京剧演员马荣祥先生做访谈时，曾因我的衣着随意而惹他不高兴的事，我之后便与他有这样的对话：

定：是他（马喆，马荣祥的侄子）建议我来找您的，因为好多事他们都不知道。

马：出了北京的事他们不知道，北京的事他们都知道啊。你找马崇禧啊，我们老三，他就能絮絮叨叨地跟你说许多。

定：那我不是除了北京的事还想了解了解您出来以后的事嘛……

马：不要问我那么多，我跟你说不完，一天两天说不完。

定：那您为什么不可以说一天两天呢？

马：对不起，因为我们这一生，二十几岁跑出来，北京人没受过那么大的罪。这几十年就等于打碎牙往肚子里咽哪。

定：所以才希望您把这段经历讲一讲呢，因为您再不讲，以后想找人都找不到了。我也知道您的故事一定很长很长，没关系，我慢慢听，本来我已经买好回程机票，后来马喆跟我说了您的事以后，我把机票都改签了。

马：现在开始录了吗？

定：录着呢。

这里能打动他的，是我说我知道他的故事很长，我愿意慢慢听，而他问我是否在录音，就表明他愿意与我谈了。

三、寻找认同感

进入现场之后，如果能迅速找到双方都感兴趣的话题，就能使访谈比较顺利地进行，这个寻找话题的功夫，最考验

怎样做口述历史

访谈者的社会经验和阅人能力。

我去台湾为同仁堂后人乐崇辉做访谈时，是从我们讲的都是北京话进入的：

乐崇辉（对定）：听得出来，您讲话还是北京话。我一听就是北京人。

刘玉梅（乐妻）：你们讲的北京话那么好听，好柔好细，真是有那种女人味。我们一回（北京）去，我们弟妹他们讲的话，哎呀，真好听，不像我们讲话那个腔调哈，那么硬邦邦的，太粗了，不好听。我们舌头很硬，转不过来。

……

乐：厂甸还有吗？我小时候那厂甸的大糖葫芦……

定：糖葫芦都不是北京人做了，外地人做出来不是那味儿。

刘女士是台湾的客家人，她说她很喜欢北京话，而乐老先生与我，则是通过共同的方言——北京话而找到了认同。

我与台湾的东普老相识，就是因为他的一口京腔。我们初次见面是20世纪90年代中期，他以台湾满族协会秘书长的身份来京，与北京一些满族同胞在中央民族大学聚会。其间，在熙熙攘攘的一群人中，我立刻就凭那口京腔辨认出他，并且立刻就想到那尽人皆知的诗句"少小离家老大回，乡音无改鬓毛衰"。

我在台北的101大厦初次为他们做访谈时，就是以讲北京话开始的：

　　定：今天跟你们聊聊，我也可以学好多东西。10年前您跟我聊过一次，那时候两边的关系还没有像现在这样，我还没有来过台湾，您讲的好多东西跟我上学时学的都不一样。有些东西想想觉得特别有意思。您看您二老现在讲话还是一口京腔。

　　东普：我在北京坐计程车经常有司机跟我聊天："听您讲话是北京人，可是您不像啊。"我说我是从小儿生长在这儿。我动作上不像北京人，像是外来的，可是说一口地道的北京话。

我在台湾为几位老人所做口述都比较顺利，与我们讲北

怎样做口述历史

京话有很大关系，这是一种对身份的认同，虽然未说出口，但"乡音"里有他们对家乡的深深思念，让人动情。

身份的认同还有各种表现：我为知青做口述，因为同是知青，自然感同身受；我为母校的老师做口述，他们忆起当年往事，让我倍感亲切。这样的认同有利也有弊，其弊则正如我在《口述史读本》中为刘小萌那篇《一场大火改变了我的一生》写的导言所说："由于访谈者和受访者是同龄人，又有着共同的知青经历，在近距离接触甚至成为朋友、'哥们儿'之后，固然有易于进入访谈、易于交流理解等等其他人难于深入的长处，但是否也会多少失去学术的中立和客观？这也是我们选取这篇口述并希望从这一点上进行某些探讨的原因。"

现场访谈中，性别因素也不可忽视。

我为满族老年女性做访谈时，她们对我的职业职称、社会地位之类情况基本上不关心，由于介绍人大多是她们的子女，她们便把我也当作一个晚辈。她们最爱询问的，是我有没有结婚，有没有孩子，只要我回答说已经结婚了还有儿子的时候，她们立刻就把我当成了自己人，这就是找到了认同感，我的访谈一旦从这里进入，就能在婆婆妈妈的闲言碎语中很快进入最佳状态。要特别提到的是，即使受访者是知识女性或女性名人，我也往往会从这样的女性问题而不是从她们的成就来进入访谈。

这些对我来说比较自然、容易的事，对于年轻女性就会很难，尤其是她如果还没结婚，受访者便很难与她找到认同感，甚至会立刻表现出"说了你也不懂"的态度，在谈及女性独有的经历和感受时，受访者更会"张不开口"，谈话便很难进行下去。我曾不止一次见过这样的尴尬场面。

对男性做访谈，有些情况也不太乐观。不可否认的是，有些男性看到前来做访谈的是一个女性，才不管你是什么学者、教授，不自觉地就会表现出一种优越感。胡鸿保教授看过我的《老北京人的口述历史》一书之后，以《艰难的盘问》为题，写过一个很短的书评，所举的例子，就都是在我为男性，包括满族男性所做口述的现场发生的：

> 口述史本就是访谈双方合作的产物，是两个特定年龄、特定身份的个体间交流互动的结果。所以对于主动展开访谈的一方来说既有无可奈何、难以遂愿的一面，也有积极进取、多方设法研究，使作品的学术品质得以

提升的一面。

比如访谈戴鑫英先生（1939—2013）是在2002年，初次发表于2009年。而2013年戴先生离世，所以，写于2016年的"访谈者按"方才披露这样的信息：作为祖上来自东北而"非京旗"的满族年轻女性学者，定宜庄颇受戴先生轻视；而且在有些问题上，得到的回答并不是实话。

访谈者当然不可能是"全才"，总有知识与经验上的弱点。而"老北京人"受访者圈子之广、各色人物无奇不有；尽管定宜庄事先做够功课，临场也难免遭遇尴尬。比如对"圣安师"李荣的访谈过程中，定宜庄发觉老法师对她"讳莫如深"，交谈数小时，她用尽手段却始终未能有所突破，整理出来的文字稿字数近3万，却基本上没有实质性内容。上面提到的访问戴先生，用后来关俊民（另一位受访者）的话说，就是"关键您没刨到他的树根儿底下"。这些，定宜庄都向读者明白交代。对张世尧先生的访谈涉及他生命中的重要内容"花鸟鱼虫"，而定宜庄"对这些东西既不懂行，也不感兴趣"。不过，为了让读者了解到老北京生活中这重要的内容，她还是努力与张先生合作完成口述。同时，她不讳言把自己的受挫经验写进"按语"，称"这是访谈者的倾向性和知识结构对于口述产生影响的一个实例"。

除了胡鸿保教授，也有读者发现了我为戴鑫英做访谈的尴尬，他的评论就比较委婉了："本书最后一篇采访中，作者提到因被采访者不配合，让作者体会到做口述史时的'五味杂陈'。作者的小吐槽，也为本书增加了一定的趣味性。"

还有一位男性受访者更是直率得多，他当着我的面就说我是"女同志"，又生在海淀的大学区一带，哪里知道老北京底层人的事。

这当然也与受访者的素质、人品相关，譬如我上面提到的刘曾复先生，面对我这个一窍不通的访谈者，又是女性，就秉持了截然不同的态度。

这为口述史的研究者提出的要求就是，知识面一定要宽，要有与各种不同人打交道的历练，初入此行者当然很难做到，也无法一蹴而就，只能在实践中努力，多学多问，不断提高自己的文化水平和学术水平。

四、一些需要注意的问题和技巧

进入现场的访谈者要用心，要学会通过与受访者面对面的交流，来分析语言、声调和说话者的主观意思，捕捉历史事件背后的社会含义，以及事件对人造成的正面或负面影响。毕竟访谈的现场互动，存在着太多不可预知、不可捉摸的可能性，如何把控局面，并无一定之规，只能凭借自己的经验，相机行事。但是有一条要牢记，就是要随时提醒自己，将访谈的主导权控制在自己手上，不要让受访者信马由缰地随意发挥。

问题的出现，往往是双方的。从访谈者一方来说，除了上述过于急切地想要拿到"东西"，还有就是事先存在某种偏见，并且把这种偏见带到访谈之中。还有一些访谈者特别自信和主观，他们只想让受访者为他们自己的"东西"提供证据，结果使访谈成为一问一答的生硬场面。更有甚者，如极个别的访谈者，把现场访谈变成自己的宣讲场所而不容受访者讲话，受访者一开口，便将其打断，然后自己滔滔不绝，这样的访谈者，就让人十分厌恶了。

总而言之，访谈者不要因为观点不同，尤其是政治见解不同，而与受访者争辩，要学会以共情与理解的态度对待这些异议。遇到受访者的讲述出现明显的常识错误，也不要立刻予以纠正和反驳，只要不影响接下来的讲述，就尽量容忍，这正是体现访谈者修养之所在。

有时候，访谈者的提问会触及受访者不愿谈及的事，甚至触及他的痛处，如果是无意的，一定要诚恳地道歉。至于遇到某些尴尬处，要想方设法避开，这就只有凭借自己在现场的发挥了。

与此同时，受访者也会出现诸多问题。有些受访者会根据访谈者的语气，揣摩他做访谈的意图，然后会有几种选择：一种是顺着访谈者的意思，只选择访谈者想听和爱听的东西讲；另有一种，便是索性拒绝对谈；最甚的，就是随意编造事实，甚至无事生非了。

还有一些受访者，特别是名人，由于接受访谈太多，已经形成了自己的一个讲熟了的套路，谁去访问，便把这一套背给谁听。我的徒弟杨原便有过这样的经历，他所访问的某位著名演员，早已为自己设定了一个人设。杨原虽然想突破这个套路，但以他当时的年龄和历练，想突破这样一个经历十分丰富而且阅人无数的老人为自己设定的藩篱，实在是十分艰难。我听了他们的现场录音以后，也只能建议他放弃。

那么，在什么情况下要及时将访谈打断呢？

出现这种情况的原因各种各样，很难一概而论，也没有标准的有效办法。总的来说，或者是受访者过于气愤和激动，尤其是攻击和谩骂他人的时候；或是讲些过于偏离访谈主题的八卦时，既然不好反驳，那么唯一的办法就是中断访谈。具体方法，就只能靠访谈者临场发挥。譬如有礼貌地将谈话打断；借口说要走开去接个电话；提出要去卫生间，并借此给自己留出一个思考下一步应如何做的余地。

最后，访谈现场一定要注意控制时间，如果是70岁以上的老人，不要超过两个小时，如果受访者意犹未尽，可以改日或隔日再访。

台湾学者沈怀玉有《访问技巧、语言、情绪与敏感问题的处理》一文，详细讲述了口述现场面临各种问题时的应对技巧，其中如"尴尬问题提问的适当时机""难以启齿与争议性问题的提问""拉回谈话主题与回忆催化剂的运用""虚构、夸大与故意遗忘问题处理技巧"及"语言沟通与不可忽略的肢体语言"等章节，都非常值得参考。[①]

五、用什么身份进入现场

这里所说的，不仅是访谈者身份，还尤其是受访者，是他以什么身份来对访谈者讲述和答复访谈者的问题。这里可以以对黄宗汉的访谈为例。

我做口述访谈，用的就是我本人的学者身份，当然对方对我如何定位，是我无法控制的问题。前面提到的刘曾复先生，对学者有特别的敬重和知己感。还有一些受访者与我一样有满族的身份，其中最让我感觉放松、舒服的，是满族那些老年妇女将我当作小辈时，那种知无不谈、谈无不尽的亲切。

对黄宗汉的几次访谈是最值得回顾的，值得之处在于，他在与我面对面谈话时身份的不断转换。

① 许雪姬主编：《台湾口述历史的理论实务与案例》，台湾口述历史学会2014年版，第163—180页。

黄宗汉的正式身份，或者说他在社会上的职务，是当时宣武区的一名政府官员。在我们为黄宗汉所做的长约几十小时的口述中，我感觉所谈的宣南文化，是他那时候最得意而且最全心投入的事业，有区领导的大力支持和学者的推波助澜，也并未见有人对此提出过质疑。他大概没有想到，对此质疑和批评的竟然是作为访谈者的我。

我是在对他进行过多次访谈，包括与社会学家合作完成了关于东风电视机厂兴衰的访谈之后，才回过头来，专门就宣南文化的题目找他再做访谈的。从我的角度来说，既然是以学者的身份进入这项作业，那么，仅仅是以一个记录者的身份，将他所讲的内容如实记录并公开出来，别人听了，就会认为我是在替他宣传宣南文化，这是一种不负责任的态度，也是我非常不情愿的，于是我们之间就有了如下的两场谈话。

现在看来，我的提问过于针锋相对、咄咄逼人，实在不足为训；而他的态度和答复都很耐人寻味，这场对话"迫使"他将宣南文化出台的过程做了远较此前口述更为详细具体的介绍，使我们对这一问题的了解深入一步。同时，他在现场与访谈者的互动，包括有时的规避、有时的身份转换，都是唯有在口述这样的现场才能够生动呈现的。其间所包含的太多以其他方式无法呈现的信息，是做口述最有兴味的一面。

对话很长，但篇幅有限，此处择取两段现场对话为例。

第一次，黄宗汉再谈宣南文化之一（时间：2011年11月8日；地点：北京市第一福利院；访谈者：定宜庄、杨原）。

定宜庄：对于这些问题，咱俩的意见恐怕就不一致了，就是这宣南文化。我这么说啊，我不想把宣南文化作为您传记里的一个重点。为什么呢？因为我不认为从50年代到今天的这几十年间，宣武区最值得做的题目是"宣南文化"。

您提到三说，除了"源头说"（即宣南是北京文化的源头），还有"精华说"和"缩影说"（宣南文化是北京文化的精华和缩影）。我认为啊，首先，作为一个学术问题，对于作为一个整体的北京城，在某一个特定的历史阶段，它的精华是什么，您考察过吗？您凭什么把一个城市里的某一个地区单独提出来，说它就是精华呢？您是怎么定义这个"精华"二字的？又是怎么为它在整个城市中定位的？再有，您必须把这个地区放在特定的历史阶段里去衡量，它什么时候是这个城市的精华？清代是精华？民国是精华？还是现在是精华？

黄宗汉：我跟你说啊，我老师啊，就把它定位在清代，他是想突出"宣南的士人文化"。我们要研究北京历史文化的精华，就不能不研究北京的"士人文化"，所以历史学界很多人呼应"宣南文化"，这是要解决什么问题啊，就是怎么给北京史的研究定位。我是个抹稀泥的人啊，到现在，这"宣南文化"怎么去定义的都还有呢，"精华说"只是一种说法。我强调的是什么呢，是要把清代形成的"宣南文化"保护下来，因为那时候的"士人文化"，是最为典型的，反映中国历史变革的那个知识分子的群体，方方面面都在这儿得到反映了，所以我重视的是"清代士人文化"。

可是现在这新的西城区①，因为有刘敬民（曾任宣武区区长），这么一说，说"宣南文化"是将皇家文化、

---

① 2010年，经国务院批复，同意撤销北京市西城区、宣武区，设立新的北京市西城区，以原西城区、宣武区的行政区域为西城区的行政区域。黄宗汉这里说的就是两区合并后的"新的西城区"。

士人文化、平民文化都涵盖了，那什么能赚钱啊？平民文化能赚钱，哎，他就强调这平民文化了，说大栅栏儿，天桥儿，要搞个天桥民俗演艺区，哦不对，是天桥文化演艺区，崇文区不是搞个天坛演艺区嘛，都上百亿的投入啊。

这段对话中，黄先生就有个角色的转换。他把"精华说"转换为"宣南的士人文化"时，是试图从学者对学者的角度来解释的，但他很聪明地意识到这个"士人文化"的说法并没有回答我的问题，于是便巧妙地做了一次身份的转换，说道："那什么能赚钱啊？平民文化能赚钱……"这已经在偷换概念了。

还有一段：

定：我可以给您打一个比方，一个城市就好像一个人，宣南只是他的一只手臂，而不是这个人的全身，你如果把这只手臂说成是这个人的精华、缩影，那这个人呢？这人身上还有那么多东西呢！我这是从学术的角度讲。

黄：这没关系，学术本来就应该在争论中发展，我就是想把学术的内容，或者说学术的标签，贴在北京的文化建设上，为什么？现在如果不强调这个，最后就全丢失了，除了在你们的学术著作里头还能够看见。

定：您实际的意思说白了，您别不爱听，你们是在拿学术说事儿。

黄：但是学术需要有我们这些人。

定：太需要了，你们做的事情我太赞成了，我不赞成我不给您做这个口述，可是我要说清楚的问题，是说我对这样的学术研究有不同的意见，至少我不认为这就是定论。

黄：唉，这个我现在跟你说不太清，我现在对学术，包括对宣南文化研究，就是兼容并纳的想法，各种学说，各种思想，都应该让大家自由讨论，讨论得越热闹，咱们这文物保护工作就越好做。

……

黄：这问题出在什么地方啊？就是北京文化缺少人去认真研究。刘敬民和我处在宣武区那儿，我们只能去吆喝"宣南文化"，如果我们吆喝说我们是研究北京

109

文化的，这就麻烦了！你们想要干吗？你们有什么野心哪？

定：所以我说这几说，精华也好，缩影也好，如果是学者提出来，就不太合适，不过这其实不是您的问题，而且现在就是总把政治经济这些东西和学术连在一起……

黄：这是无可奈何的，因为在中国，政治和学术就是完全扭结在一起。

定：你们可以无可奈何，可是我不想无可奈何。

黄：你可以啊，你完全可以写啊，你有你的话语权，你完全可以另外加注，加评论啊。然后我跟你说，"宣南文化"使我有了一个跨入学术研究的机会。要没这题目啊，我也无法高攀戴逸、王汝丰。戴逸当年为什么支持我啊，戴逸对我这修复会馆的事儿特别有兴趣，他说你是个办实事的人。我是他的学生里头，最热心把史学研究和文物保护联系起来的人（笑）。

定：不是您最热心，是您最有这个能力。

黄：比如吴建雍（时任北京社会科学院历史所所长）也想干这事儿，不过吴建雍干起来要比我困难一些，因为我是一个混迹官场的人，吴建雍跟官场算联系比较密切的一个人，但是和我这本来就混迹官场的人……

定：毕竟还是两码事儿。

黄：对，如果我和某个官员有深交，我就能"左右"这个官员的行动，他没这能力，是吧？

定：您这话说得太对了。

黄：比如我修湖广会馆，我可以把市长找来，让他为我开个现场会，我有这能力，吴建雍他绝对做不到。

总之，尽管黄宗汉先生一生接触学者无数，但当他面对我这样一个晚辈学者的时候，他主要是以一个久经历练的干部，而不是以一个同行、一个史学家的身份来与我对话的，在我们讨论到某些学术问题，更尤其是在学术观点发生碰撞的时候，他便会以身份的转换来巧妙地避开争论，或者从另一个角度来阐述自己的观点，这不仅出于他思维的敏捷，更体现出他久经官场之后的历练。

这种提问方式无疑有些"冒险"，因为不是所有被访者都有黄先生这样的雅量，尤其当访谈者的批评比较尖锐，而且批评的又是他最感得意的成绩。

当然，这里需再度提到介绍人的作用了，我关于"宣南文化"的访谈，都是由黄先生的侄女，也是我的合作者阮丹青介绍和陪伴的，黄先生的雅量，是否也有给介绍人面子的意思，这便不知道了。所以，如果要做这样的互动，非要有对被访者的为人相当深入的了解和把握，否则不可轻易尝试。

而对我来说，这场对话不仅过瘾，而且他对"宣南文化"产生的过程以及政府官员宣传"宣南文化"的真实目的的陈述，都是研究北京南城历史的非常翔实和不可多得的史料，这是我通过访谈得到的最大收获。

第四讲　如何进入访谈现场（下）

　　做口述访谈与做田野、新闻采访的最大区别之一，就是在对受访者做第一次现场访谈之后要再做回访。这样的回访有时是一次，也有时是多次，我称之为"深度访谈"。两个陌生人第一次见面，往往会有个相互试探的阶段，不是人人都能立刻敞开心扉。所以，要做一个比较深入的口述，就要反复地与受访者交流、交谈。我在前几讲举过几个例子，譬如对常家兄弟、对黄宗汉等人物的访谈，都持续多年，进行过多次。有些访谈只做了一次，主要是因为无奈，例如我到农村做田野时偶遇的老人，虽然聊得鲜活有趣，却再没有机会回到那里去做回访。还有极少数，是没有什么再访的价值，因为我觉察到受访者并不讲真话，当然，这样的访谈，属于失败的例子，我也无法将其收入我的著作之中。

最遗憾的，是受访者的"不辞而别"。做《老北京人的口述历史》，既是以老人为对象，就有"抢时间"的问题，谁也不可能为等待做口述而久留人间，所以常常有"靠天吃饭"的无奈。这样的事例很多，给我印象最深的，一个是对"宫廷正骨"传人吴定寰（1928—2008）先生的访谈，我由于对中医乃至正骨一窍不通，想等有些基础知识的积累和准备之后再做回访，不料一拖就是几年，还没等我回访，老人已经辞世。

还有一位十分可惜，就是金启孮（1918—2004）先生，我和乌兰、乔吉夫妇曾有过一个长长的访谈计划，打算每周到金先生家里去谈一次，金先生也很赞成。不仅是赞成，据他女儿说，他还为我们的访谈准备了提纲。可是，这一切刚刚开始，也就是说，刚刚做了第一次访谈，一切竟然就结束了。那次访谈之后，我去日本大阪大学访学仅短短半月，回京后正打算与他预约下次访谈的时间，却猝不及防地听到他去世的消息。而算起来，从我们为他做第一次口述的3月10日开始，到他逝世的4月10日，其间相隔仅仅一个月，我想，这应该是他一生中接受的最后一次访谈了。直到过了11年，我在犹豫良久之后，还是决定把对他的访谈收入《府门儿·宅门儿》一书的开头，并题名为"刚刚开了个头的访谈"，也征得了他女儿的允许。

以上便是因我的拖拖拉拉引发的惨痛教训。所以我要特别强调的就是，第一次访谈之后，如果认为这个访谈有价值，就要抓紧时间做回访，第一次访谈与再访之间相隔时间切不可太长。

还要说明的是，对于所谓回访、多次访谈、深度访谈、多轮访谈等说法，并没有必要划出清楚的界限，事实上也没法划出。譬如我每次访谈的时间一般都限定在两小时以内，但受访者在第一次的时间内没有讲完，所以不妨继续多次。当然在访谈之后，将整理出来的文字稿返回受访人时，应该亲自再做至少一次现场访谈。

很多做口述史的学者，对于深度访谈都颇有体会并且高度重视，因为真正能如愿有所收获，而且从中体验到乐趣的，往往都是在深度访谈之后。在"北京口述历史"的五卷本丛书中，我所做最费力、费时也最有兴味、有收获的，就是这样的深入访谈。

深度访谈的必要性，体现在如下三点：

第一，补充、确认或纠正初次访谈时未能清楚记录下的各种信息，尤其是时间、地点、人物姓名等。

第二，对于受访者在初次访谈时有可能回避的重大问题做进一步询问。

第三，访谈者也会有各种忽略和遗漏，可以通过再次或多次访问补充和深入。

在这一讲中，我将用几个例子来讲述我做深度访谈的经历与收获。

一、黄宗汉与东风电视机厂

在第一讲，我提到以黄宗汉的东风电视机厂改革为题，我与两位社会学家所做的口述史《大历史 小人物》，这是我所有出版的口述史著作中，最认真、最下功夫的一部，但很遗憾，这也是最没人读的一部。

黄宗汉，1931年生于北京，1948年17岁时在北京通县潞河中学加入中国共产党。1949年后在中共北京市宣武区委宣传部任职，1963年调到中共北京市委组织部。"文革"结束后，他毛遂自荐到北京东风电视机厂当厂长，他的心愿是当"中国电视大王"。他在不可能获得国家引进电视机生产线支持的情况下，通过自己手中的关系资源，在国家的既有政策空间获得散件加工许可，达到借此全面提升工厂实力并获得经济效益的目的。任职厂长期间，他曾取得年盈利800万元与2200万元的骄人成绩。

黄宗汉在改革方面取得的突破和所选择的路径，即"通过散件加工，引进国外先进技术，强化企业管理，提高生产效益，最后通过零部件国产化来提升企业自身的生产技术水准，实现企业生产管理现代化的方式，最终打入国际市场"的发展道路，被总结为"东风方式"。以当时新华社内参的导读所言，该方式具有成本低、见效快、容易操作，便于中小企业学习与推广的特点。

黄宗汉改革总体思路和邓小平对改革的想法相吻合，因此得到邓小平和其他一些中央领导和部委领导的支持。但他的改革，也触动了一些群体和个人的既得利益，因而也受到了来自利益受损方的猛烈攻击。

我们在为他做多次访谈的同时，又与他当年的领导、同事、支持者等不同人进行了多次访谈。这样多角度、多方位访谈的结果，使我们发现了在黄宗汉讲述的那个非常完整而且十分生动的故事之下隐藏的矛盾和漏洞。我们于是决定将访谈做下去，主要是追问一个问题，那就是东风电视机厂究竟是靠什么赚的钱。这已经是一个非常尖锐的，足以刺透那些表象的问题了。可能因为黄宗汉的侄女阮丹青教授的参与，他既没有恼怒，也没有回避。他不仅直面了这些问题，而且表示在这些年中，自己也对这些问题做了反复的、深刻的思考，随之也将这些思考讲述了出来。

在我们为黄宗汉之前所做的访谈中，他提到从当时的商业部长那里得到20万台电视机的进口指标，并用这个指标购买日本散件加工来赚钱一事，但他并不满足，因为靠这每年20万台的进口额度，他赚不到多少钱。

黄宗汉说，东电能够赚钱，靠的不是商业部的额度，而是从时任北京市经委副主任、北京市对外经济贸易委员会副主任那里得到的外汇指标。该领导手里攥着北京的外汇额度，他给了黄宗汉10万台电视机的外汇额度，让黄宗汉在电视机生产出来以后自己组织销售。黄宗汉便在全国布了200多个销售点，突破了交电公司对他的垄断，等于有了自己的市场。

黄宗汉（下简称黄）：那会儿外贸还没开放呢，美元花不出去只能在中国银行按1：1.98兑换，55美元对他来讲只不过换回100块钱人民币，现在他给我，让我加工电视机，这55美元拿回的人民币是多少呢？是500块钱，赚老鼻子钱了，听明白了吗？

黄：这在当时不一定是很正常的情况啊，如果讲分工的话，应该是工业的搞工业，商业的搞商业哈，不应该把工业利润、商业利润都搁到自己手里啊。但是那时候我是工商一块干了。当时我是有钱就赚。我在全国布了200多个点，那会儿布点也容易，因为全国电视机短缺，你当我的点，我每年拨你多少台电视机，然后电视机的保修费我给你，足够你维持日常开支的，各省市当然太高兴了。北京电视机短缺，外地更短缺，全国各地就出现了这么多销售点，所以后来我就招人恨。

对话便从这里开始：

黄：后来我怎么成千万富翁呢，我就自己销售。明白了？就都发了财。其实这笔账啊，当年那会儿的人不会算这账。那怎么叫破冰之旅啊，我怎么就一下明白过来了，我就到上边去把这个外汇给倒腾活了，不光是技术引进。

阮：行，明白了。除此以外还有别的吗？

黄：不就够了？

阮：然后你们那彩电赚钱了吗？

黄：那会儿也赚了，但是产量很低。

阮：产量很低啊。后来你的那个外汇就……

黄：我当时啊，想法买外汇。谁有外汇我就买啊。你在外汇管理总局，当年一块九毛八，后来到两块几，我买你的。买完了以后，我就变成买家，是净赚，来电视零件我一装，就我的，我自产自销。

阮：那你是不是高价？你等于是高价买人家的外汇了？

黄：对，我等于啊，倒腾外汇。但是当时也没人说……

阮：我明白了。就是说你跟有的人还有一个什么抽成。但有些单位呢，就跟电视没关系了，就是我高价买你的外汇，你卖我，别的就不管了，对不对？

黄：对对。

阮：可是那个时候要有指标吧？你有了外汇了，就可以去买。

黄：肯定啊。

阮：国家就是谁有钱谁就……

黄：不不，当时国家外汇管理总局支持我啊，就是那会儿不是说谁谁都能倒腾外汇。

阮：所以你真的就叫倒腾外汇。

阮：然后你那么就赚了。

黄：对啊，赚了。

阮：所以要查你。

黄：要说我，倒腾，投机倒把，折腾外汇，要欲加之罪那也……国家外汇管理总局在改革开放初期，今天外汇管理上还有好多东西还没有完全理顺呢。但是人没干预我。没干预我的很重要的一个原因，是他们受到了国家进出口委对我支持的影响。进出口委说这套干法行啊。这不有刚才说的那个档①嘛。外汇管理总局其实我

---

① 【档号49-3-1-6（6）】《一条技贸结合的好路子——北京东风电视机厂以散件加工方式引进技术发展生产的做法国家进出口委编》，第60期，1981年3月15日（复印件）。

哪个人我也不认识，我就找他们局长去了。他挺支持我的。邓小平说"摸着石头过河"①嘛，他对我是开绿灯了。没人管我。你只要能倒腾就行，你有地方买……

阮：你这是倒卖，你这算不算？

黄：我这不是倒卖，正经八百的。就说你怎么合理地把这外汇用活。这有什么问题呀。

阮：不是倒卖，那你从别的地方拿这个外汇，你也没有经过什么批准啊？

黄：大家手里都有外汇，有多有少。

阮：大家手里，你指的大家都是谁啊？

黄：各个部门啊，远洋公司有外汇，海关有外汇，我也有外汇。远洋公司，我这货运都得经过远洋公司的货运，远洋公司意思是希望他们的子女安排到我这儿工作。可以啊，我给你安排工作。你手里有这么多外汇，你给我点啊。

因为那会儿啊，在计划经济史上，跟市场经济有关的那些管理条例什么都没有的，没规定。只要没规定你不

①"摸着石头过河"是邓小平领导的改革开放中采取并反复强调的鲜明态度和重要方法。

怎样做口述历史

许干这事，你都可以干。不就是这个道理嘛！就说我这个到全国各地设了这么多销售点，谁批我了？没人批我。

阮：我也觉得挺奇怪。但地方上都挺欢迎你啊。

黄：当然欢迎我啦，地方上供应电视机都那么紧张。我一下子一个地方给它弄个几百台去，当然高兴啦。

阮：当时你是想赚了钱以后就进一步国产化，是不是？

黄：我已经国产化了。

阮：你已经国产化了。你是想三年以后就不再进口日本零件了？

黄：黑白电视机我根本不进口啊。完全可以自己制作了。黑白电视机很简单的。

阮：你到底是怎么发的，明白了。

黄：我实际上就是……这现代的名词儿，我是金融掮客。我跟所有的银行，工商银行，中国银行，荣老板①的中信，还包括海关，我跟海关还借过钱呢。反

---

① 荣老板，即荣毅仁（1916—2005），曾任中华人民共和国副主席等职，江苏无锡人，1937年毕业于上海圣约翰大学历史系，中国民主建国会成员，被誉为"红色资本家"。1979年10月在邓小平的支持下，他牵头组建并出任中国国际信托投资公司董事长兼总经理。

正哪儿有外汇我都跟人调剂。我多给人家点儿人民币就是。我拿着它赚大钱，所以我就发了。

这段访谈由于篇幅太长，所以我只截取了一些片段，但可以看出大意。显然，我与丹青一样，我俩对黄先生那些金融贸易的东西完全外行，他需要用很大的耐心来为我俩解释，但细听下来，他讲的内容可以简单阐述为：一、他是凭借关系，从时任北京市经委副主任那里拿到外汇指标，然后靠自己在全国开辟销售点，自己销售电视机而牟取的利润。他自己也说他是金融掮客，靠倒腾外汇赚了一大笔钱。二、他在宣传中声称的组装彩电，其实产量很低，所谓扭亏为盈，所谓"东风方式"，其实赚不到钱。

访谈中黄宗汉自己的叙述已经把这些情况讲了，但我还需要更清楚、更确实。而这段对话的特点，是一句紧逼一句，没有留下余地。这样做的结果，是黄先生坦承了"东电靠什么赚钱"的事实。

这是《大历史 小人物》一书的"眼"，是这本书的深刻之处。当然，这并不能否定、无视黄宗汉和他团队那些人的满腔热血，这是我做这个题目时最受感动之处。

二、黄宗汉的个人传记

做口述史尤其是为名人做传记式的口述史，最容易也最经常出现的弊端，就是听任被访者的自我粉饰、自我夸大而无法辨明真假。更有甚者，使口述沦为吹嘘自己、攻击他人的工具。这种情况在目前国内外出版的各种口述作品中比比皆是，在某种程度上已经成为危及这一学科的隐患。对于我们来说，完全杜绝这样的弊端不太可能，但尽量减少这种问题出现的方法还是有的。我以往采用最多的方法，是将受访者的陈述与文献进行互证，这也是口述史的前辈学者，如唐德刚为胡适、李宗仁等人物做口述时曾经大量使用的方法，他为此所做的考证和注释，甚至比受访者自己的叙述更多。这里所说的文献或文字资料，包括口述中涉及的大背景、大事件，也包括受访者自己在某些场合、某个时间段曾经说过的话和表现，这样做当然只是对名人才有可能，因为普通人过去曾说过什么、曾有什么表现，是不可能从公开出版的文字中求证的。

但是，文献毕竟有够不到的方面，不仅是"名不见经传"的普通人，即使是名人，生活中也存在很多个人化的角落，对口述中涉及的这些内容是否有必要去求证又是否有办法像做传统史学那样去求证，是口述史学面临的一个值得认真对待并深入探讨的问题。本书在这个方面，也尽可能做了一些尝试。具体地说，就是除了查找必要的文献材料（与黄宗汉相关的各种报道多年来一直不乏其例），在黄宗汉本人的积极协助下，我们又走访了若干位曾与他一同在宣武区工作过的同事。做法是先请他们阅读黄宗汉口述的文字稿，然后再与他们进行个别访谈或集体座谈。对于其中的一些访谈，我们在经过本人允许之后还反馈给了黄宗汉，并倾听了他对这些访谈的意见。

对这些老干部的访谈，目的大致有三：第一，我们的初衷是了解他们本人（有可能与黄宗汉完全无关）在宣武区工作和生活的经历，以及他们对过去的一些思考。我们期待的是通过这样的访谈，了解曾与黄宗汉一同工作和生活的这个宣武区区干部群体。这些人都与黄宗汉一样，从1949年就进入宣武区，见证了这个地区几十年的变迁，所以我们还进而希望能够做成一个宣武区干部群体的访谈录。也就是说，除了黄宗汉的口述，我们希望还能有另外一个或几个与他并列的口述，而不是像现在这样以他一人为中心。但结果出乎所料，我们努力了，但没能成功。原因当然是各种各样的，访谈最终仍然围绕黄宗汉的个人口述展开。尽管这样，这个过程还是使我们对这个干部群体有了远比以往更具体深入的了解，这本身就是一个不小的收获。再者，即使没能做成更多的个人口述来与黄宗汉的口述相参照，这些老干部中的大多数不顾年事已高且交通不便等各种困难，倾其全力给予我们帮助，也是我们在这里要特别感谢的。

第二，老干部们围绕黄宗汉口述展开的各种议论和评价，不仅仅是对黄宗汉口述中某些事件的纠正和补充，他们所表达的与黄宗汉不同的态度和意见，以及黄宗汉对他们的答复，都使同一问题的呈现变得更多元、更立体，更能够引起人们的思考，至少，也是增加了本书的可读性。当然，由于我们是以他为出发点来寻找其他受访者的，这必然就带有局限性，因为我们不太可能找得到当时和他意见相左的人，去获得另一面的意见和故事。

第三，老干部们对黄宗汉的印象和看法，在一部以个人传记为主的作品中，也是很有意义的。

凡此种种，构成了这部访谈中最有意义也最生动可读的部分，这是这部口述史不同于一般个人传记的最鲜明的特征。

三、东普与"抗日杀奸团"

这项口述史记录了我为东普老所做的两次访谈，其间相隔11年。11年间我们的交流远不止此，但我只选择了我拿出录音笔所进行的正式的、完整的两次。

与东普老和夫人梁昭，无论是正式做访谈，还是随意的聊天探望，我都是独来独往，从未有过别人相随，这对我来说，是从事口述史工作多年来不太多见的情况。

前面提到，我与东普夫妇的初次访谈，是在台北尚未建好的101大厦的咖啡厅。那次东普老和他的夫人讲述最多的，是离京几十年后再回大陆，尤其是回北京的经历和感受。虽然新鲜有趣，但基本上都是流于表层的东西。第二次访谈是在我们多有过从、互相熟悉之后，尤其是在我查阅了大量相关史料之后，所以访谈带有明确的针对性，而且深入得多。

第二次访谈，时间是2015年8月23日，地点在台北信义区挹翠山庄某宅，也就是东普老的家中。自初次见面之后，我们再见面就都是在他们家里了。而这场访谈距2004年为他做的第一次口述，已经过去了整整11年。

这11年中，我与东普夫妇的联系始终未断，或是他们来京小住，或是我去台北开会访学，我们总会找机会见面。正因如此我才发觉，在我为东普老做的第一次口述中，他讲述的那些往事，仅仅是他人生这座冰山中浮出水面的那一点点，我想往下探究，却往往以无果告终。

在他未曾提及的诸多往事中，有一个影响到他一生命运的关键事件，就是当他还是中学生的时候，恰逢日本发动卢沟桥事变入侵北京，他在北京（北平）参加"抗日杀奸团"的经历。在我为他做的初次访谈中，他对这段经历未置一词。直到那次访谈三年之后，2007年7月东普老来京探亲，我才初次听他说起这段经历。那天他打电话说要见我，见面后便递给我一份有关"抗日杀奸团"的打印文件，名为"抗日杀奸团简史"（东普老将其简称为"抗团"），说是他自己写的。

参加"抗团"时，东普老刚上初中，虽然"抗团"的成员都非常年轻，但他仍是其中年龄最小的一个。1940年北京的"抗团"被日军破获，他也被捕了，就关在位于北新桥的炮局胡同①。东普老说，他被捕过两次，第一次被关了一年，这在他给我的那份资料中有记。第二次查出他的时候他已经在监狱，所以刑满后就把他放了，出来之后他就去了重庆。我于是知道了访谈时他说的去重庆，是什么样的背景。

他说，那时候无所谓共产党、国民党，都是爱国而已。但我再追问，他便不再说。他甚至绝口不谈他在"抗团"的活动。在他给我的那份文件中，凡与他本人有关的内容，也都被他统统抹去，让人看不出痕迹。唯一留下的，是他们被捕后的1940年11月24日，日本军法会议对他们的判决，在被判处一年徒刑的名单中，有他的名字。我一直不清楚他为什么不愿说，不愿说又为什么把这份文件给我，又不好深问。至于他是在什么时候、用了多少时间，写的这篇近3万字的稿子，他也不说。

又过了一年，到2008年的盛夏，有天东普老又给我打

_____

① 炮局胡同，清朝属镶黄旗，乾隆时此地为炮局，为制造大炮的地方。后炮局废，成为大炮、军械及废炮的储存所。清末又成为监狱。民国后沿称。抗日战争期间，炮局胡同21号成为陆军监狱，戒备森严，在四周围墙中修筑7座碉堡，现在还保留有4座。1949年后，此地曾为劳改局，后为北京市公共交通分局。"文化大革命"中一度改称双胜胡同，后恢复原名。

电话，说他又来北京了，想见见我，还让我带上录音笔。我以为他会讲很多故事，于是欣欣然赶去，可是，仍然没有。

记得那天的北京，天气像一年前一样闷热，东普老说他刚刚从天津赶回来，他专程去天津，就是去看当年"抗团"的那几个朋友，他说这些人几乎死光了，他既然是最小的，那其他人还有几个能活着啊。而我隐然感觉，他这两次回京，就是为"抗团"之事而来的。当我再次问他为什么将文件里边与他有关的内容抹去时，他说："又不是什么好事！"我说："怎么会不是好事呢？抗日难道不是好事吗？"他说："抗什么日，那时候就是血气方刚。"我说："可是他们侵略中国，杀了那么多人啊。"他不吭声。

这难道真的就是东普老对他少年时代参加"抗团"一事缄口不谈的理由吗？如果这样，他又为什么在80多岁的高龄、在如此炎热的天气下，不辞辛苦地往返于台北、北京和天津之间，写出那么一篇为"抗团"申辩的文章呢？

2015年，我在台北再次拜望东普老，对于再做一次正式访谈，已经不抱太大希望，毕竟东普老已经93岁，梁昭阿姨也已经92岁了，我只是想去探望他们，就像是去探望自己数年未见的家中长辈，想与他们唠唠家常而已，看到他们仍然健旺，已经十分高兴。而东普老却让我拿出录音笔，说想与我好好聊聊，而这一聊就是不间断的几个小时，就真的让我喜出望外了，于是我便对二老做了这场将近三个小时的认真的访谈。

东普老在他所撰文章的后记中写道，他写此文的目的就是纪念为此牺牲的同志，因为他们的孤魂仍游荡在荒野，希望他们从此得到安息。他一再强调，把"抗团"说成"军统"的外围组织是不正确的，有必要更正，否则那些为抗日而牺牲的同志，死得不明不白。甚至对活着的人来说也是一样。

东普老又说：

"抗团"在卫国战争中，所做的一点贡献，实只是沧海之一粟，同时在表现上仍显得有些幼稚，缺乏有力的指导。他们在敌人侵略面前，不甘受辱，敢于斗争。他们无所企求、不怕牺牲、不畏艰难、威武不屈的精神，应予称赞。还有千万不要忘记我国过去受帝国主义侵略的岁月，将来也未必平静。愿为捍卫我们国家民族的利益，与国人共勉。

这是很正面的一段话。

东普老对这段历史所持的互相矛盾的态度，令我百思不得其解。直到2015年的这次访谈，我才恍然明白，原来他所谓的"又不是什么好事"，极有可能是当时遇到了什么让他不快或者感慨的事，他说的是气话，是反话。事实上，正如他的"抗团"战友叶于良先生所说："对日本的仇恨，从小就在心里。现在日本对侵略还不认账，这个仇恨，一辈子也忘不了。"[①]东普老所持的态度，与叶先生是一样的，他抗日的初衷始终未改，对日本军国主义的高度警惕，也贯穿一生。一个人处在不同的语境时，会有不同的表达方式，有时候甚至会表现得自相矛盾，真相往往在多次反复的交谈之后才能呈现，这就是我对东普老做第二次访谈的最大收获。加入"抗团"，为东普老的人生奠定了最初的基调，也影响了他的人生走向。"抗团"的成员们构成他最重要、最紧密的社会关系和朋友圈子，这种情谊维系终生，直到他们一个个走到人生终点。

"抗团"与国民党的"军统"之间是否有关，是一个始

---

① 参见2013年9月凤凰网与叶于良先生关于"中国人的日本观"的对话。

终纠缠不清的问题。1949年之后，它的成员中也有人因此而受牵连，但在现在的大陆，这个问题已经不再是禁区了，网络上可以见到大量与"抗团"相关的文章、访谈，[①]甚至电视剧都已出现。而我本篇的重点毕竟是东普老的人生，有关"抗团"本身的诸多问题，这里就不详叙了。

---

① 关于"抗日杀奸团"，百度百科有如下介绍：活跃于华北的著名抗日团体，曾经在北平和天津多次展开以爆炸为主要手段的抗日锄奸行动。这个团体的主要成员，除了国民党派来进行组织和控制的军统特工人员，多是平津两地的热血学生。"杀奸团"的最初成员，几乎都是平津两地著名的中学，如贝满女中、育英中学、天津中日中学、南开中学、大同中学等的高中生，随着时间的推移，这些学生多数升入大学，"杀奸团"的成员也从中学生扩大到大学生。"抗日杀奸团"的活动在1938年至1940年期间为高潮，1940年下半年组织遭到严重破坏，但一直坚持活动，只是活动方式从暗杀爆破转向了收集情报和动员知识阶层脱离沦陷区等工作。"抗日杀奸团"能够长期存在与取得较大成绩，和它的团体组成颇有关系。这个团体的成员十分古怪，多半是高官贵戚、富商名人之后，比如伪满总理郑孝胥的两个孙子郑统万和郑昆万，袁世凯的侄孙袁汉勋、袁汉俊，同仁堂的大小姐乐倩文，孙连仲将军的女儿孙惠书，等等，他们多直接参与刺杀爆破等行动，如冯治安将军的侄女冯健美，就是刺杀伪联合准备银行天津分行经理程锡庚的一号枪手。这些公子小姐投入"抗团"似乎不可思议，其实也并不奇怪，因为他们在当时受到的高等教育最多，也最易于接触学生运动带来的反日爱国情绪，同时，这也反映出了当时中国社会从上到下同仇敌忾的抗敌精神。他们的社会背景十分复杂，消息灵通，牵涉极广，使日伪对"抗团"的侦办往往投鼠忌器或者事倍功半，1940年的大搜捕，就是日军封锁消息，秘密调动伪满军警到北平实施行动才得以避开"抗团"的情报系统的，所以给"抗团"带来了巨大的损失。

东普老对讲述他自己人生的故事，远不如发表议论有兴致。所以，他隐藏在冰山下面的许多经历，即使有这次几小时的再访，对于我，至今却仍然是谜。而我则想，人总会有些故事是不愿与他人分享的，既然他不愿谈，那就不谈了吧。

虽然这次访谈过程曲折，但并非"东一榔头西一棒子"，而是有明确的主题，就是关于他年少时参加的"抗日杀奸团"：第一，这是他日后走上人生道路的起点；第二，这些人成为他日后主要的朋友、社会关系；第三，当两岸通航之后，也就是他到了迟暮之年的时候，他几乎将全副精力都用在寻找这些人，重叙这些旧谊之上，因此而不惮劳乏、多方奔走。在这期间，他详述了这群人终生保持对日本侵略者的高度警惕。而这些内容，都是我在与他结识之后的一次又一次交往中逐渐了解的，也是在2015年那次狂风大作之时，在他台北的家中听他详细讲述出来的。

我以《少小离家老大回》作为第一次访谈的篇名，第二次访谈则名之以《乡音未改鬓毛衰》，通过这11年间与东普夫妇的不断交往和反复、不懈的询问，我对那一代离家赴台老人的生活、经历和认同，有了远比一般文字记录更深刻、更生动的了解。我非常庆幸的就是，我做第一次访谈之后没有放弃，这里便用这个例子，来说明深度访谈的重要性和它对于口述史的意义。

深度访谈可以有多种形式，例如，对常寿春的访谈，开始时是我和苏柏玉一同去的，我并没有打算为他花费太多的时间，没想到最终竟然历时3年，做了9次访谈。首先，当然是常先生的讲述有价值、有意义，他也有讲述的意愿。还有一个重要因素，是苏柏玉对这个访谈倍感兴趣，情愿为此投入大量的精力和时间。在这九次访谈中，我只参加了第一、二和最后一场。其间有好几次，都由她一人完成，而且她与常先生的谈话，每次竟长约六七个小时。常先生与她的谈话和与我的谈话之区别，引发出若干在口述访谈中可以引申来讨论的"点"，耐人寻味。

我和柏玉的区别在于：其一，常寿春先生虽然大我几岁，但基本上可以算同一代人。柏玉当时却还不到30岁，是个年轻人，这个区别在口述现场的问答之中表现得最为明显。其二，我是教授，柏玉当时还是学生。常先生对我俩的态度并不相同，而且显然在与柏玉谈话时更为放松。其三，我与常先生一样，都是北京人，但柏玉来自内蒙古，来京读书不过几年，她作为外来人看待这个城市和这个城市的人，因而产生了不同的角度。同时，作为学者，她也有她自己的学术旨趣。但这已经涉及口述访谈的另外一些话题，就不在这里细说了。

第四讲 如何进入访谈现场（下）

第五讲　保存记忆：口述录音转文字的问题

口述现场的访谈完成之后，对访谈录音应该如何处理，是否需要转换成文字，是访谈者必须面对的问题。这个问题还可以换个方式来问，那就是访谈录音的最终产品应该是什么样子。很多人以为将现场访谈做好就大功告成，将录音带上交或者收藏，一搁了事。但更多人还是认为，访谈完成之后，口述录音应该转换成文字。

一、录音转文字的利与弊

在国际口述史学界，这是存在最多争议的环节，一些口述史学者强调口述史的口述特性，认为访谈时双方的会话速度、被访人所使用方言和标准语之间的语码转换、他的语音语调，都包含着一定的意义，这是将访谈录音转换成文字时无法表现的，也是仅通过文字无法表达的。他们认为，成功的口述历史应该是访谈双方关系的一种表现，而不赞成将录音做文字的转换。西方也有很多机构将访谈录音作为原始记录，保存在公共档案馆、图书馆，这些机构有强大的检索功能，使得录音材料得以被有关专家研究利用。对于这些情况，口述史家沈怀玉曾有文章做了专门介绍①：

　　有些口述史家反对将访问记录整理成稿，认为把录音成品整理成文字稿后，往往扭曲、破坏了访谈的真实性，他们主张除非把录到的每个字、声音，甚或错误的话头都记在纸上，否则都算不上绝对精确。因此，最好是保留口语的腔调和流畅性。但美国哥伦比亚大学口述历史研究中心认为大部分研究者所需要和会使用的都是访问记录稿，只有民俗学者、语言学者、人类学者才

---

① 沈怀玉：《口述访谈后的整理稿问题》，载于许雪姬主编《台湾口述历史的理论实务与案例》，第181页。

想听取语音的记录。加拿大的口述史家是采用"听闻历史"，并建立有声档案馆，馆内通常毫无访问记录稿的收藏。1976年口述历史协会（Oral History Association）在加拿大开会时，爆发了一场激烈辩论——"真正"的口述历史到底是录音带或逐字的记录稿？所幸在此之后，这类辩论便销声匿迹。

相关辩论是否真的"销声匿迹"了虽然不好说，但如今口述史学界对于录音和从录音转换的文字稿这两种形式，普遍都持接受和承认的态度。据沈怀玉称，在台湾，所谓的口述历史大多是指整理过的访谈记录。大陆基本上也是如此。总之，一场访谈要成为口述历史，必须是经过录音、整理、访谈者与受访者的修订，再经保存或出版，并不是任何人所做的任何录音都是口述历史。这在口述史学界已经基本成为共识。

当然，保留声音，也不能说是保留了访谈现场的全部。在访谈现场，声音之外还有表情、肢体语言、感受、气氛等，尤其是相当细腻的心理反应，这些都是录音捕捉不到也表达不出的。的确，访谈记录如果只依赖录音来整理，已经是对一个复杂情境的简单化了。虽然如今有摄像，视频能够弥补单纯的录音的一些缺陷，而且以后随着数字化技术的进一步发展，记录访谈现场的手段肯定更多，但就目前来说，文字仍然是做研究最方便的方式。

在第二讲中已经提到，完成一个有价值的口述史作品必须经历的三个过程：一是访谈之前的策划准备，二是现场访谈，三是访谈之后对口述史料的鉴别整理并撰写文稿。这已成为共识。将录音转换成文字稿，正是"对口述史料的鉴别整理并撰写文稿"中的第一步，尤其是在我国大多数图书馆、档案馆等公共设施还不具备那么普遍和强大的检索功能的情况下，这一过程更显必要。

将录音转换为文字为什么必要呢？说到底就两个字：方便。

首先，录音转文字方便访谈者发现访谈现场出现的问题。现场访谈时不可避免地会出现空白、漏洞和误解，在当时难以察觉，但往往可以在转换成文字的过程中发现。

其次，根据人们通常的阅读习惯，阅读总比倾听速度更快，也更方便。而现场的原始录音，中间有各种停顿、反复和杂音，除了想听取语音记录的民俗学家、语言学家和人类学家，大多数人都没有必要也没有耐心去听录音，更情愿去阅读整理过的文字稿。

最后，访谈录音转换成文字，更便于给受访者审阅，以听取他们的意见。

还要特别提出的是，除非运用专门技术，录音本身是难以删节修改的，也不应该予以篡改，只能保持原样。而将口述录音转换成文字，尽管对于保持口述史特性存在一些影响，但是，口述历史作为一部作品，即使是学术性著作，也必须顾及文本的可读性。如果通篇记录都存在着各种口头语、长时间的停顿、反复的断续、重复，以及前后时序混乱等情况，读者便会失去阅读的耐心，甚至根本无法读懂。所以，将录音整理成文字，再将文字整理成能够为人阅读的纸本书籍或者电子稿的做法，虽然尚存诸多问题和缺陷，但仍是使口述访谈能够发挥社会效应的重要手段。

至于如何将口述录音整理成不改变受访者原意，有深度、广度、信度又有可读性的访谈记录则是一门学问，是从事口述历史的工作者必须讲求的技巧，也是口述史作业中最耗费时间和精力的部分。这对于访谈者是很大的挑战，需要访谈者有较高的学术水平和文字功夫。

二、逐字稿与加工稿

在将录音转换为文字的工作开始之前，有一项必须要做的工作，就是将访谈的时间、场所以及受访者的状况用文字分别交代清楚。这既是保存资料的必要手续，也方便自己或别的研究者能够了解访谈时的语境，以此来为后续工作做准备。

工作正式开始的第一步，是将录音逐字逐句地转换成文字稿。转录工作的基本要求，是转录者必须忠于受访者的原意，对录音资料既不能曲解也不能篡改，所以必须非常谨慎细心。这是最费时的工作之一，大致算起来，1个小时的录音，可能要花上6~8个小时才能转换成文字稿，这让很多人望而生畏。

对于这样的苦工，越来越多的人都不愿亲力亲为，早期多是请助理或者学生协助，后来可以请公司代劳，现在愈加方便，可以使用电脑上的自动转换软件。但我认为，即使如此，访谈者还是要把录音至少再亲自聆听一遍，原因有三：

其一，重温现场的感觉和氛围，许多话语都是在某种特定的氛围中说出来的，也只有亲历者才能切身理解。这非常重要，是其他任何人和工具无法代替的。

其二，逐字稿需要将语气词、停顿（包括原因）、表情（流泪、笑）都如实记录。这是电脑软件或请人代做时无法体会并且做不出来的，只能由现场访谈者根据当时特定的语境，仔细回忆受访者的情形来作出核对。

其三，对于关键性的问答，需要再反复听几遍来最终确认，以免接收到错误或不确切的信息。

将逐字稿核对完成之后，一定要将这份文字稿与现场录音（或录像）一道，作为原始资料妥善保存，这便是史家通常视为第一手的文件，必要的时候也是证据。

以前没有电子设备的时候，录音带由于各种因素而被毁坏的情况经常发生。唐纳德·里奇就说过，早期国外做口述史的人并不重视录音，甚至由于录音带昂贵，还会在第一次做录音的带子上再做第二次，把原始录音毁掉。如今不会再出现这种情况了，但是由于对录音原档没有应有的重视而丢失损坏的情况却仍然存在。

有人认为，只要将录音转换成文字稿乃至出版成书，录音便没有用了，在某种程度上，将这种录音拿来听和用的情况并不太多。但到底是不是就没有用了，绝不能轻率地下结论。以我自己为例，我在1990年至2000年为老北京人所做的访谈录音，搁置多年之后，却意料之外地被研究老北京口语的专家重视。我曾访问的那些当年七八十岁的妇女，她们的北京话发音和词汇，都与今天人们所说的北京话有了相当大的区别。我的录音在保存了多年之后，会令研究北京话的学者产生兴趣，说明这些录音具有一定的史料价值，这是让我很高兴的事。

不仅是《最后的记忆——十六名旗人妇女的口述历史》，在我的《老北京人的口述历史》中，这样的例子也所在多有。上文谈到我为台湾的东普夫妇做口述，东普先生的普通话，在他们那边被视为十分标准，但他回到北京，人们一听就知道他已经不是久居北京的北京人。东普老说，他的"北京话"与比他小10多岁的妹妹就很不同。举一个例子，即"儿化音"的运用，他说天坛不能叫"天坛儿"，但钓鱼台却应该是"钓鱼台儿"，结果遭到他妹妹的嘲讽。

至于访谈之后形成的文字稿即逐字稿的保存，更是重要的事，因为它是访谈者用来做研究和保护自己的证据。

从受访者一方来说，有学者谈道：有受访者事后会为自己讲过的某些话后悔，会在访谈者根据录音转写的稿件上一改再改以致原稿面目全非；有时会想推翻自己在采访中的言论，这时只有拿出逐字稿作为证据，与受访者反复沟通。所幸的是，在我多年的访谈中，还没有遇到过这种情况。

对于访谈者，如果要将访谈文字出版，也会面临诸多内容不宜公开的问题，这时候，逐字稿就是一份重要的底稿，可以在日后合适的时机再行处理。

逐字稿完成后的第二步，是对其进行加工，将其修改成一篇具有可读性的稿子。这项工作最好也是访谈者亲力亲为，如此才能比较贴近受访者的原意。如果请他人代劳，他人又没有经验甚至根本不认识受访者，往往就会"差之毫厘，失之千里"，出现各种谬误。

加工逐字稿时，有几点需注意。

第一，虽然有人说，如果运气好的话，遇到讲得有条理又有内容的受访者，他的录音整理出来的稿子可以直接拿来就用，但是我做口述20余年，没有遇到过一篇这样的稿子。没有口头语、没有重复、没有间歇和跳跃的现场口述，其实是不存在的。所以拿到一篇逐字稿，先要把特别占据篇幅且往往没有什么作用的口头语删掉。不过，口头语也分两种，一种是完全没用的，还有一种是为表达情绪而加重口气，或者是从一件事转到另一件事时的转换需要，所以不能一概而论，是保留还是删掉，要依现场的语境，经反复琢磨当时的上下文而定。

第二，调整前后次序。时间紊乱在现场访谈中是经常出现的事。最多的情况，是老人讲到后面，忽然又想起前面有一事忘讲了，于是立刻补充。还有甚者将前后颠倒，看起来就像是一连串东拉西扯的闲谈。我做这样的整理时，会先按照时间顺序把稿件分类编排，有时候在同样的时间发生的同一件事，受访者会在前后时间反复讲好几次，我会将这几次的讲述归在一起，互为补充和修正，或在字面的连接处做些调整，目的是让人能够读懂。这时候，现场访谈时访谈者的水平会显露出来，熟练和用心的访谈者，会在现场就注意到受访者叙述同一事件时的矛盾和区别，并当场与他核对。但不是所有访谈者都有这样的敏锐，而且无论哪个访谈者都会有疏忽的时候。所以，如果在整理文字稿时发现这些问题，要想办法再找受访者核实，不能轻易地按照自己的猜测修改甚至擅自将这段叙述删去。

第三，有些受访人在被访时，也会讲些脏话骂人，我建议在逐字稿中最好保留，在加工稿中再酌情删去。这里说"酌情"，是指在有些场合，这是受访者能够充分表达情绪的方式，可以试举一例，受访者是我在《老北京人的口述历史》中访谈的一名普通妇女周桂芳：

就一辈子来讲，咱们就与人为善。我不坑人，我也不说瞎话。涨工资给我涨我不言语，不给我涨我也不说什么。一分钱这是我的就是我的，100块钱不是我的就不是我的。送礼的事没我，那不踏实。现在我退休我多踏实啊，你们都他妈的占单位的便宜，又吃又喝又玩儿去，我没有，我凭我自个儿劳动挣的，我劳动换来的钱，我玩去我多踏实。

"你们都他妈的占单位的便宜"，这里的脏字我就保留了，因为非常充分地表达了她对那些歪风邪气的愤懑，如果没有这几个字，语气显然就没有如此生动了。

这种脏字在另一位受访者李滨的口述中也曾几次出现，我也部分保留了下来。

一次是她骂她大伯：

　　有一次我母亲不在家，话赶话地，我就跟他吵起来了，我就整个一个造反，他说我是王八蛋，我说我要是王八蛋，你是我爸的哥，你什么玩意儿？你什么东西啊？你老王八。那时候国民党有个稽查处，我说你再嚷嚷我到稽查处检举你去，我说你他妈日本汉奸、军阀，你折腾什么你。

也有时候只是表达一种情绪：

　　那会儿我们家净闹贼，要说闹贼更他妈热闹，闹过两次大贼。

　　但如果不把这些词语都保留下来，对李滨的个性表达肯定没有那么鲜明和生动，也失去了现场感。
　　当然，我做现场访谈时，受访者中这样吐脏口的人并不多。
　　第四，分段和加标题。一段访谈录音，转换成文字时长多的达上万字，如果不分段，读者很难一气呵成读下来。分段一般是根据受访者所讲内容，或者根据时间，这里首先需要的是访谈者自己厘清头绪，明确知道自己在访谈时询问的、想要知道的都是什么，再根据受访者回答的内容来设计主题方案。

第五，适当保留问话和插话。有些访谈者在整理加工稿时，会将现场中自己的问话和插话删去，使最后的加工稿只留下受访者的叙述。这会给读者一个完整、流畅的印象，我最早的那本《最后的记忆——十六名旗人妇女的口述历史》由于深受台湾口述史做法的影响，也是这样做的。但我后来的一系列口述史作业，就不再沿袭这样的方式。我认为保留访谈者的问话，甚至保留旁听者的插话，一是可以再现访谈的现场感，更多地还原现场的气氛，更重要的是可以让读者了解访谈者的提问水准，访谈者是如何进入访谈，又在访谈过程中起到什么样的作用。从口述史的角度说，这正是读者最希望看到的东西。所以，将对话完整地呈现，实质上是对访谈者的一个考验。

第六，无论做什么样的修改，我的一个原则是，不在访谈中随意添加一词一字。如果因受访者讲的话不完整、不好懂，或者因访谈者在安排顺序或删掉某些内容时导致语句不通，我会用括号将我自行添加的文字括起来：

> 我们考清华那年正赶上对对子嘛，陈寅恪出的（考题），对两个对子，一个（上联是）孙行者，一个（上联是）少小离家老大回，再做篇文章"梦游清华园记"，一共就16个字，对不对？那时候的学生对对子好像还有点本事，（孙行者这个对子）我对的是韩退之，有人对的是祖冲之，北大那个周教授对的是胡适之，据说是最理想的。

这是《老北京人的口述历史》中我采访刘曾复老人时，他讲到他考清华大学时的考卷。

对于口述中的记录和文稿的修改，刘曾复也有非常精辟的议论：

> 定：刘老，我想给您做个口述。
> 刘曾复（下简称刘）：我口述，您编写。
> 定：我不是编写，我记录。

刘：别记录，您就编写，您编写啊，可以给我遮点丑。回头有不对的地方骂您，不骂我（众笑）。

定：有些东西您如果不愿发表，我可以删掉，当然删的地方我会交代。

刘：可是我得说一下。咱们是删，不是改。咱们这就说笑话了，明清的小说，里头有些个东西不能够公开的，有人他给改，把这整个的小说改编了，我说那个不好。我说还是原来的东西，您知道不行，就"以下删去154字"，那最好了。咱们这也是删去多少多少字（众笑）。另外假如您这是内部的，我还是什么都可以说，把有些事再详细说，我得表示表示我的观点。咱们不是学术嘛，学术上有些基本资料，真实资料，您必须得留着。但我怕这是公开发表。公开发表的话呢，这麻烦这不行，人家该跟我打官司了。有些东西还是不宜于公开。

随后我便接纳了他的建议，对于某些不便公开发表的东西，采取"以下删去××字"的方式，东普老的口述中便有多处。

此外，对于受访人在叙述时的情绪表达，我也会用括注，如"（停顿）""（沉默）"来说明。对于现场中众人的相关反应，也会用括注，如"（笑）""（大笑）"等来表示。

总之，由于口述历史是语言的记录，整理稿件时一定要注意保留口语的腔调和流畅性，宁可在文字上有些不通或语病，也不要做过多的修饰。不过，就目前出版社的情况来说，如果想要将访谈稿正式出版，还必然会遇到一个尖锐冲突，那就是，编辑会因稿件中的病句受罚。这是我的几部口述书在出版时都曾遇到的问题，而且几乎无解，唯有与编辑反复解释协调，但编辑出于出版要求的考虑，基本上不会让步，这时候唯一的办法，就是妥协，即把编辑挑出来的病句修改成规范的句子，即使丧失了原本的流畅和生动也在所不惜。

从整理逐字稿到加工稿再到定稿的过程，对整理者有相当高的要求。有人说："有时语言经过转化，往往语言的强度就弱了许多，但文字转换不能任意改变口述内容，没有造诣与驾驭语言的能力，很难以适当的文字来表达口语，甚至扭曲原意。所以唐德刚说，够资格做口述历史的人，都应该有几分文学的素养。"这说法确有一定道理。①

① 林德政：《口述历史的定义与价值》，载于许雪姬主编《台湾口述历史的理论实务与案例》，第15—16页。

怎样做口述历史

三、访谈的语言问题

口述访谈是靠语言来相互交流的，语言畅通当然是交流和访谈的前提。我最初做口述时，并没有太多考虑这个问题，因为我访问的对象是满族妇女，她们个个都能讲一口流利生动的北京话。后来听到、看到的多了，才发现自己有多么幸运。因为不是所有的题目、所有被访的人，都能与访谈者在语言上顺畅交流的，如果语言上出现问题，必然是访谈的极大障碍。

选择能够在语言上交流的题目、寻找能够在语言上对话的受访者，这是我做口述的经验之一。

很庆幸的是，我做北京人和八旗后裔的口述历史，受访者有一个共同特点，就是性格爽朗，能说会道。曾有同行问我："你访的那些满族妇女怎么个个都出口成章？"这的确是八旗子弟无论男女在性格上的特点。尤为独特的是，清代八旗在全国各省的军事重地、交通要道设置驻防，派遣八旗官兵前往屯驻，并筑"满城"让他们集中居住在一起而与当地汉人分居，成为相对独立的人群。在有些城市，这些八旗旗

第五讲 保存记忆：口述录音转文字的问题

人的后裔历经数百年风霜，在2000年至2010年期间仍然聚居在一处。我当年曾到福建福州、山东青州、湖北荆州甚至新疆伊犁等处的昔日"满城"，为一些旗人妇女做过口述，发现这些旗人后代讲的仍然是北京话！我也正是根据这个标志，才寻找到了他们如今的聚集区。例如：山东青州如今的"北城"，就是清朝时的"满城"旧址，当地人一提到"北城"，就用"说北京话的"来形容；再如湖北荆州，因为旧时的"满城"早已不在，我开始时曾遍寻旗人聚居的地区而不得，后来一提"讲北京话的"（南方人习称"讲"），立刻就有人将我带到他们集聚的一个小区。在20世纪80年代末的福州，我曾听到他们在与当地人大讲福州方言的同时，一转头对我便立刻讲北京话，十分生动有趣。回头再看，在那10多年间，但凡我走过的旧日"满城"的旗人聚居地，都没有语言上的障碍，然而最近10余年社会变迁加剧，情况如何便不好说了。总之，坚持几百年口音不变，是他们对自己满族身份强烈认同的表现，也给予了我特别的方便，因为他们居住地方的方言，对我来说都很不好懂，这是我当年做口述特别顺利的一个原因，也构成了我所做口述历史的一个特色。

当然，即便都是讲北京话，受访者与访谈者之间，也会存在诸多问题：有些过去的名词，现在早已不用；有些特定阶层使用的习惯语，例如南城劲松有个为肃王守坟的"坟户"白四，讲到当年干的活儿[①]：

　　白：我们那时候种的地呢，使那个车，进城里头扫黑土去。你知道什么叫扫黑土吗？
　　定：不知道。
　　白：你50多岁，扫黑土你都不知道？

　　我当然真的不知道什么叫"扫黑土"。后来听他解释才知道，那是把城里街面和城墙根的土堆积起来，再装回去，他们认为那些黑土可以当作肥料。
　　我做旗人妇女和老北京人的访谈，这些人极少运用北京话之外的方言和外语，刘曾复老先生是个例外，但多是用在讲他的生理学专业上：

　　现在不是讲集成线路嘛，在生理上就是整合，这俩

---

① 定宜庄：《架松，架松——白四口述》，载于《老北京人的口述历史》。

第五讲　保存记忆：口述录音转文字的问题

在英文里是一个词儿，integrative。这整个思想是一个词，integration，这是比较先进的思想。

……

我做的工作不多，可是没有一个跟我原来想法完全一样的，都是否定过，有了新的东西再千方百计地否定它，否定不了了，这才成立。做科学研究就是这样，这里边有个什么，不敢吹呀，你敢说有一点something new，这就是你的论文。something new，这就很不简单。要不然你做一个实验，都上了教科书了，结果这个实验是错的，是假的，让别人否定去，麻烦了。

这里且不谈他的专业水平和思想，当他觉得只有用英文才能将自己的意思表达得更准确时，我不会将这些词汇译成中文，而是将其原文保留下来，读者自然会领略他的原意。

四、关于出版稿

如果准备将稿件公开出版，要尽量使稿件有一个完整的结构。我公开出版的口述史作品，都由按语、正文和注释三部分组成。

第一，在每篇访谈之前都要有按语，我称之为"访谈者按"，旨在为我做这篇访谈的宗旨、我对受访者身份的定位、该访谈的特点与值得阅读的精彩之处，做一个提纲挈领的交代。有时也会介绍当时特定的语境以及我个人的感受和心情。我还特别会谈及自己是以什么样的角色或身份、在什么时间"进入"这场访谈，以及是由哪里切入访谈等相关问题，这对一部口述史来说，都是不可等闲视之的重要环节。因为口述永远是访谈者与受访者互动的产物，面对不同年龄、不同身份和不同性别的访谈者，受访者会有不同的反应和回答，这直接影响到口述作业的效果。在一般情况下，我当然都是以研究者的身份进入访谈，但即使这样，在不同的环境和心境下，也会出现不同的版本。所以，即使我在文中谈及当时天气、地点以及对往事的回忆等看似不相干的内容，也未必就是闲笔。

第二是口述本身，这是正文，是这篇访谈的主要部分。

第三是注释，游鉴明先生提到："对受访人提及的人、时、地、物、事，应加考证。""时间背后可能牵涉到时代的

第五讲　保存记忆：口述录音转文字的问题

大事件。"①这便是史学家做口述史的路子。

作为一部学术著作，文字稿对受访者所涉及的时间、地点、具体名词出处等，必须用注释作出规范性的交代。这是口述访谈中不可或缺的组成部分，也是史学家最见功力之处。

注释是一件看似不起眼，其实颇费心力与功力的工作。有些受访者人生阅历丰富，讲的时候只是随口一提，涉及范围却非常广泛。譬如，刘曾复在访谈中对北京南城的各色人等以及胡同、戏园、京剧名角的提及，就需要我在大量相关史料中寻找解释。常人春兄弟的口述内容更为丰富，所涉不仅有旧日军阀的人名，注释起来特别费力的还有关于白云观和东岳庙的各种人物和专用名词。访谈黄宗汉，则需一一查考1949年后几十年北京市及宣武区的政府机构名称、重要人物以及历次政治运动和事件。为查证这些名词，我们付出了大量的时间和精力，其中有很多内容，要到档案馆查阅档案才能获取。如常氏兄弟的祖父所奉"理教"的诸多概念和名词，就都是苏柏玉到北京市档案馆去翻阅档案所得。即

① 游鉴明:《她们的声音：从近代中国女性的历史记忆谈起》，四川人民出版社2020年版，第9页。

使像满族妇女口述那样，虽然旗人妇女的生活相对简单，生活圈子也相对封闭狭窄，但她们在访谈中提到大量满族的特有习俗及相关词汇，诸如黄带子、两把头、福字履之类，不一一作出注释，也会令读者不解。尤其是在许多口述中，都提到满族特有的祭祖习俗用品，李清莲称为"子孙匣子"，吴效兰称为"影匣"，而《八旗子弟的世界》中的口述者印嘉佑不知道这是什么，就索性将其称为"黄包袱"。这里如果不加注释，读者一般无法理解这指的其实是一种物品，即满族祭祖的神主，满语称渥辄库，俗称祖宗板子。满族以西为贵，祖宗板子都是供在西墙。几位受访者不约而同提起家里的这一物品，却都已经不知是用来做什么的了，便很说明民国年间满族家庭的变迁情况。还有一些满语词汇，如夸兰大、拨什库等，也都是非要作注释读者才能明白的专用名词。

对于被访者在叙述相关史实时与文献或其他记载之间产生的歧义，我也在注释中尽量罗列或者作出考释。

此外，凡在某篇口述中提到的人物、史实，如果在其他篇目中也有涉及，我也会在注释中一一举出，以便于读者参照。

161

本来，我也很想效仿唐德刚先生为胡适、李宗仁等人所作口述的体例，将注释写得尽量详细，也想像他一样将注释部分充分展开甚至借题发挥，以至成为这些受访者"春秋里的《公羊传》《穀梁传》"（唐德刚语）。[①]但具体到我做的每部书，一是篇幅不允许，二是怕过于烦琐而影响可读性。而且注释过长，也会影响到全书主题的呈现，所以基本上都从简了。

另外，我为口述访谈做注释的方式，曾受到过游鉴明教授的质疑。她不赞成加那么多的注释，认为那是在引导读者，她认为口述就是史料，不应该有访谈者那么多个人的东西在里边。对于这一点，我个人认为就要看访谈者和整理者对分寸的把握了。

在以上这三部分之外，插图也是口述史中不可缺少的内容。插图以照片为主，来源有三：

一是由受访者提供的家庭的或自己的老照片，因为它能够真实再现当时特定的场景，并且大多数从未公开，无疑十分珍贵。

---

① 胡适口述、唐德刚译注：《胡适口述自传》，广西师范大学出版社2005年版，第7页。

二是由访谈者在现场拍摄的照片，其中有些是访谈期间现场抓拍的人物照，一般质量不佳，不宜用作插图。另外一种是访谈者在追寻受访者当年居住的地方时拍摄的，主要是一些街景，比如北京的老胡同。从中可见即使到今天，北京城不同地域居住的人群仍有不同的特点，例如纳福胡同、恭俭胡同的简陋与秦老胡同、什锦花园胡同的气派构成了相当鲜明的对比。而外城诸条胡同的商业气象又与内城的传统守旧有明显不同等，这些都是仅仅从口头描述中难以体察的。如今数码相机已普及，人人都有了当摄影师的可能，我的技术虽然无法与专业摄影师相比，但镜头可以传达我自己的眼光、自己的感受，这既是用文字无法取代的，也是别人无法替代的。

三是从一些公开出版的图书刊物中翻拍的图片，旨在提供当年情境，但这些都必须一一注明出处。

插图中还有一种就是地图。这是我在做《胡同里的姑奶奶》一书中首次尝试的。当时只是考虑到旗人女性所居住胡同的曲折情况，因仅凭口述的说明很难明白，便请柏玉帮助，在每篇口述之前都以画图的方式，将她们所住的地点、社会关系和活动范围予以描述，以期达到一目了然的效果，没想到这些图示会将北京旗人女性生活圈子之封闭、狭窄的特点体现无遗，是比用文字和语言都更直观也更生动的方式。于是我们便将这样的图示拓展开来，在《八旗子弟的世界》等书中，在讲述胡同里住户情况的时候，也用了一些图示。考虑到用正式地图的诸多不便，我们都用手画的示意图，也因此使版面增加了些活泼趣味。

这些做法都表明，若要将口述访谈记录并表达出来，可以采取多种方式，我们只是初步的尝试而已。

第六讲 口述史料的整理鉴别

一、记忆与真实

　　口述历史是建立在记忆的基础之上的，著名口述史学家唐纳德·里奇有言，受访者的记忆是口述历史的核心。记忆，一直是口述史学家探讨的专题，美国口述史学家迈克尔·弗里斯科早在1972年就指出，记忆问题，不管是个人的和历史的，还是个体的和代际的，它应该成为焦点。记忆是口述历史的对象，而不仅仅是方法。也有人提倡，应该以一种新的视角来看待口述历史中的记忆问题。近年来，学术界对这种探讨的兴趣与日俱增，有关记忆的理论著作和文章也在大量、不断地涌现。[1]

记忆是人们对过去的叙述，这正是口述史的特点。口述访谈的时间并不是事件发生的当下，所以它不可能是如实"再现"，一定会带有选择性，既包含着事实，也可能包含着想象，难以确保其准确性。这就是说，真实的历史与记忆间是存在显著差异的。因此，有人对记忆的"不可信性"提出疑问也在所难免，更有人进而否定口述访谈的真实性，甚至提出"口述史的意义在哪里"这类问题。

有人认为，这是口述史的"软肋"，这种看法在国内学界尤其占据上风。我从做口述历史伊始，就一直因这个问题而受到怀疑，也因不知如何解释而困惑，并且因此而不断与不同学科的学者交流讨论。2002年，我所发表的《口述与文字，谁能反映历史真相》[2]一文，就是我与几位史学家和人类学家共同思考这个问题的对话。

---

① 参见杨祥银《当代西方口述史学的六大理论转向》，载于《史学理论研究》2021年第5期；并见左玉河主编《中国口述历史理论》中《口述历史与记忆问题》的几篇文章（第73—154页）。本文主要参考和引用的，是王明珂《口述中的历史事实》和黄克武《记忆、认同与口述历史》，均载于《台湾口述历史的理论实务与案例》（第37—44页、第45—58页）。

② 定宜庄、徐新建、彭兆荣、刘小萌：《口述与文字，谁能反映历史真相》，载于左玉河主编《中国口述历史理论》，第18页。

在这篇对话中，人类学家彭兆荣教授针对口述的真实性问题，有这样一段论述：

彭兆荣：我做过瑶族的口述研究，在这过程中我发现，他们的叙述不是我们的学科范围和学习价值体系想要做的。比如我们试图通过他们的口述，找到某种历史事实，而实际上他们讲的和我们的追求、奉行的原则经常相悖，很难为我们的知识体系所证明，但是他们给我们提出了一个巨大的质问：我们这种原则的依据究竟是什么？他们可能完全通过编故事，通过口占式、即兴式和口耳相传去构建历史，他们没有文字，不能在文本上向源头方向追溯，但他们有一种符号记忆，有些需要记忆的东西，他们会用符号给你一个终极性的回答：我们的祖先就是这样的。对于过程中发生的事情，他们经常会忘记，但通过叙述，他们每个人都成了族群历史的创造者，叙述是他们最根本的认知世界的方式。

这是一种历史制造。在这种情形之下，口述就不能简单地理解为一种方法，而是建构历史、建构族群认同的不可缺少的要件，它应该作为历史的一部分被认识、理解。

定宜庄：这实际上就形成了另外一种原则。

彭：对。我们的原则是寻找"历史事实"，而他们的原则启示我们，也许更重要的是寻找事实背后的"社会真实"。哪怕这个事实是编出来的、想象的，但是编出来的和事实本身一起构成了这个族群真实的历史存在。

这是人类学家对"真实"的理解。而史家对此则有另一番说辞，可详见左玉河的两篇论文：《历史记忆、历史叙述与口述历史的真实性》和《固化、中介与建构：口述历史视域中的记忆问题》[①]。左教授认为："语言、文字是历史记忆呈现的主要方式。通过语言、文字将大脑中储存的历史记忆呈现出来，就是历史叙述。历史叙述是历史记忆呈现、输出、表达的方式，文字叙述出来的历史记忆结晶是历史文献，语言叙述出来的历史记忆结晶则是口述历史文本，两者并无本质差异，所不同的只是两者表现形式的差异而已。"

两种论述，虽然学科不同，但有一点是相同的，那就是

---

① 载于左玉河主编《中国口述历史理论》，第73—99页。

怎样做口述历史

将口述与历史看作是两个系统、两种叙事方式，各有各的真实，二者并列，便成为更完整、更真实的历史。这样的看法当然有道理，但我的体会却有不同，我是通过多年做口述访谈的实践体会，来看待"真实性"问题的。

我做满族女性的口述史，她们讲述的那些从祖父母、父母到自己的经历和记忆，许多都与文献记载的史实相合。诸如旗人几百年都依靠通过运河从江南运往京城的漕米维生，所以每年到禄米仓领漕米是他们生活中最重要的活动；诸如官方的八国联军入侵京城时八旗官兵的遭遇；诸如辛亥革命之后粮饷中断，旗人后裔生计无着的悲惨经历……无一不与官方文献印证，只不过是在宏大的叙事之下，她们讲述了"小人物"的独特体验和记忆而已。

我既然是从这个角度进入的口述访谈，所以在当时，我并没有感觉这个"真实性"存在什么问题，有多么事关要害。我只是觉得，记忆无论多么重要，如果不建立在真实的基础上，对于史家来说，就没有多少研究价值。这也可以进一步说，史学最重视的是形成于当时的第一手材料。所以，如果将口述访谈的成果直接用来当作史料，会产生一系列误区，只有将口述访谈的材料与事件发生时形成的文字资料，尤其

第六讲　口述史料的整理鉴别

是官方文献予以对比，对于口述史的真实性才会有比较清晰的判断，而且，尤为重要的是，记忆的功能因此才会凸显。受访者的先人给他们的后人究竟讲述了什么，他们的后人又记忆了什么，这些记忆对于后人也就是我们的受访人造成了什么影响，很多我们在史书中以为是特别重大的事件，他们为什么绝口不提甚至完全遗忘。总之，审视人们忘记了或者弄错了什么，让口述史家意识到审视人们如何去记忆事情而不仅仅关注他们所记住的事情这一做法的价值，才是口述史的"真实性"，是研究口述历史的意义和价值。这也就是台湾一些做口述史的学者一再期待的不要让口述孤立于历史研究之外的意思。

如果表述得更明确些，那就是："真实性"并不是在文献研究之外的另一套，而是与文献研究一样，从史实、史料中生发出来的叙述本身。

口述既然有这样的"真实性"，对受访者的访谈，就应该是认真的，不能因为是记忆就信口开河。而做口述史的人，应该尽其所能，认真对待自己的访谈对象和录音稿，就如同史家对待史料的态度一样。在治史的人看来，无论哪种记录历史的方式，都同样存在着"不可信性"。文献的书写者同样有选择性，有个人的好恶和想象在内，如果文献的记载都是真实可靠的，史学便不会将校勘、辨伪这一套功夫看作是史学最基本、最重要的功底了。

所以，我用"对口述史料的鉴别整理"为题，来代替史学专用的校勘、辨伪，其实只是换一套说法而已。我将如何为口述访谈史料做鉴别和整理作为本讲的重点，将理论居于其次，毕竟讨论理论的文章已经太多了，而从史学角度谈论如何实践的还是太少。

二、鉴别史料真伪——校勘法

口述中往往有太多有意或无意的记忆失误，也存在有意或无意的谎言。这样的口述虽然也有保留下来供后人研究的价值。但是作为访谈者，如果不认真交代做访谈时的特定环境、背景和被访者的状况，事后对被访者提供的材料一放了事，不去核对、鉴定，任由这样的材料保存下去，让谬种流传，会被某些别有用心者利用，进而为后人制造一系列混乱，这是对历史不负责任的表现。

著名人类学家李亦园先生对于口述史曾说过这样一段话："口述历史只是史料的一种，而口述历史也只是研究中国近代史的诸种方法之一。"①既然把口述历史看作是史料的一种，那么对所有史料都必须要做的工作就是鉴别真伪，对口述史料也不能例外。

如何鉴别口述史料的真伪，在原则上与史家对文献的辨伪、校勘是一样的。辨伪是史家的传统，已积累了丰富的方法和经验。这里可以借鉴传统史学的校勘法。

著名历史学家陈垣先生在总结前人经验的基础上，将校勘的方法概括为四种：对校法、本校法、他校法、理校法，统称为"校勘四法"。

1. 对校法："即以同书之祖本或别本对读，遇有不同之处，则注于其旁。此法最简便、最稳当，纯属机械法。其主旨在校异同，不校是非。故凡校一书，必须先用对校法，然后再用其他校法。"对校法，就是在广泛搜集同一书籍不同版本的基础上，从中选择一个善本作为底本，再用其他版本进行校勘。

---

① 黄克武访问，潘彦蓉纪录：《李亦园先生访问纪录》，"中央研究院"近代史研究所2005年版。

怎样做口述历史

2. 本校法:"本校法者,以本书前后互证,而抉摘其异同,则知其中之谬误。此法于未得祖本或别本以前,最宜用之。"本校法,即以本书前后互证,抉摘异同,辨别是非。可以是正文与正文比较,也可以是正文与注文、文义与体例、文辞押韵等的互校。

3. 他校法:"以他书校本书。凡其书有采自前人者,可以前人之书校之;有为后人所引者,可以后人之书校之;其史料有为同时之书所并载者,可以同时之书校之。此等校法,范围较广,用力较劳,而有时非此不能证明其讹误。"他校法,即以他书或其他材料来校勘本书,注重以其书与本书相关的种种引文作为校勘证据。

4. 理校法:"段玉裁曰'校书之难,非照本改字不讹不漏之难,定其是非之难。'所谓理校法也。遇无古本可据,或数本互异,而无所适从之时,则须用此法。此法须通识为之,否则卤莽灭裂,以不误为误,而纠纷愈甚矣。故最高妙者此法,最危险者亦此法。"理校法,即碰到古书无可依据,或数本无所适从时,只好用理校法,以理分析,断其是非。它通常根据史书的体例原则、遣词造句的特色来校勘,需要研究者对古籍、音韵、训诂、历史、典故等知识有很深的造诣。①

陈垣先生的校勘学，是我从进入大学读书时起就接受的训练，这是史家的基本功。

用到为口述访谈所做鉴别整理上，首先就是对校。初看之下，口述稿是用不到对校的，因为现场访谈稿都是只此一篇，即使再去为同一个人做同样题目的访谈，也不会是上一篇的重复。但也有些个例，尤其是受访者有在别处讲过的话、写过的文章。这里举一个对乐崇辉访谈的例子。第三讲中曾提到，乐崇辉是同仁堂乐家二房乐泳西之子，1949年去台湾，定居至今。在台湾的数十年，他始终是以管账并协助打点事务的方式在台湾同仁堂工作，并未直接掌控同仁堂的经营管理。他的主要精力，放在发展他的《大乘精舍》、印行佛教刊物《慈云》等佛教文化事业上。多年前，曾有机构为他出版《乐崇辉居士访谈录》，据访谈者称，这项访谈前后共进行27次，而得以出版，则费时近10年。这样一个有深度、有价值的访谈成果，已为后来者所难以替代。我之所以敢把我这场区区两小时的访谈发表出来，则是因为那部访

---

① 陈垣:《校勘学释例》，中华书局2004年版。

谈录关注的重点并不是同仁堂，而是他作为居士，对台湾佛教文化的贡献。我更关心的，则是同仁堂后人赴台的经历和定居台湾之后的命运，还有这个北京著名的中药铺在台湾的发展，这与台湾学者对他的访谈，是两个不同的主题。

在为他做访谈前后，我用了大量时间读他那部居士访谈录，发现他对我的口述与其中有一些不一致的地方，这便是我运用此文提到的对校法发现的，试举一例：

这是个很敏感的话题，我问到他是怎么到台湾的，因为乐家的二房是乐家四房中与共产党关系最近的，有很多支持共产党和解放战争的举动，他却单枪匹马孤身一人地跑了：

定：那您是怎么走的？是参加军队的，还是随着什么人跑的呢？我很好奇。

乐崇辉儿媳插话：我们也很好奇。（访谈者按：他怎么跑的，他的儿媳一直不知道。）

乐：我有一个表哥，姓李，这个表哥在国民党的军队，但是在张家口。后来因为他没钱嘛，当兵的哪儿有钱呢，他说现在共产党要来，要不咱们走吧。我说好啊，那就想办法吧，那时候我母亲的一个内侄女啊，好像有病，住在德国医院，要死了，就拿了一个金碟子给我，这金碟子可以卖钱嘛（让我拿这个金碟子换钱给她）。可是我还没换给她，她就死了，我就没把这个金碟子还给我母亲，就跟那个远的表亲，姓李的，拿着这个金碟子，跟着他就出来了。这个讲说很玄了，我们到了天津，遇到一个测字的，测字的让我写一个字，我写了"赴"，一个走一个卜嘛，测字的说走一定是走了……

《乐崇辉居士访谈录》中则不是这样讲的，转引如下：

    我的表哥李铁钧，湖北人，我在抗战逃难时，在山西大同遇见他，那时我还年轻，他带着我到处走走玩玩，彼此有点感情。……表哥在部队是低级军官，平日我常接济他，民国三十七年底，某日，表哥私下同我谈，要不要和他一起走？去不去香港？他认为局势已经不行……

    乐崇辉说，他本也想走，但路费怎么来呢？

因我二哥的女儿乐倩，由于女孩子家在大家族里不受重视，对她似乎有压力，虽然准许她念书，但仍是看不起女生，回来还是得做很多家事与帮忙，她心底不平衡，就吃安眠药自杀。当时我去德国医院看她，我母亲有些黄金戒指和金饰，恐怕也有十两之重，就托我交给她，欲让她治病，救她性命，但没来得及给她，没两天她就过世了。她过世后，这些金饰我并没还给母亲，恰好成为我和表哥前往香港的路费。（第61页）

这两段访谈对于如此关键的一个问题讲得含糊其词，时间地点都不一致。那个死去的女孩究竟是乐崇辉母亲的"内侄女"还是他自己哥哥的女儿；一个说是金碟子，一个说是黄金戒指和金饰，疑问丛生。但有几件应该是真的：第一是后者，他那个李姓朋友提到"局势已经不行"；第二是前者，他们找了个测字的（他后来还解释说：我那时候啊，我会算命，我会批八字。其实他在台湾有一段时间，就曾靠给人算命维生）。还有第三，二人拿了本来不是给他们的钱。其实有这三点，线索就很清楚了。

在旁的乐妻有个补充：

第六讲　口述史料的整理鉴别

刘玉梅（即乐妻）插话：拿了那么多钱（从家里）出来，我有时候跟他讲，我说你胆子很大，你怎么敢一个人跑出来？他说奶妈时常讲共产党来了，多厉害怎么斗，我都吓死了。他来的时候都不敢让他弟弟知道。

乐：乡下都是这样的，有的地主就杀了，把土地给佃农。

这里提到的，是土改。乐妻提供了两个重要线索：第一，乐崇辉确实是拿了家里大量金钱跑出来的；第二，他是听到家里奶妈讲到当时农村的土改，吓得跑了出来。这与电影《城南旧事》中的故事如出一辙。

其次是本校。上文讲访谈录音转文字的时候，就已经讲到，转录本身其实就是一个本校的过程。而当转录过程中发现疑义，小至时间、地址的前后不一，大到对某些重要事件的叙述有误，都必须去找受访者进行第二次、第三次甚至多次的回访来核实。

有意思的是，我做口述史多年之后发现，受访者的许多错误、谎言，在当时是很难发现的，也就是说，有时候，时

怎样做口述历史

间的弧线会很长，发现问题已经是数年甚至十数年以后了。

以我对京城一位被人称为"圣安师"、俗名李荣的和尚所做访谈为例。我第一次为他做访谈是2003年1月，下面是我们交谈的开篇：

定：您今年多大岁数？

李荣（下简称李）：80多点，按出生是1916年。我俗名叫李荣，是北京东四报房胡同那儿生的……

我在现场，颇惊讶于他80多岁高龄还有那样的精气神。尤其是他家住三楼，2005年我再去拜访他时，他竟然当着我的面，爬到窗户上去挂灯笼（如果他只有70岁，爬上窗户虽然危险，却也不太稀奇），我觉得太神奇了。

从那以后，我曾多次拜访过他，交谈的次数与时间比正式做访谈更多，他虽然善谈，所谈却越来越无实质性内容，又因我不信佛，与他的关系也就慢慢淡化。直到2015年4月的一天，我突然接到张莉（当年领我去见圣安师的介绍人）的电话，说圣安师摔倒了，情况不太好。我说从第一次为他做口述至今，已经10多年过去，他说他出生于1916年，想来快到百岁了吧？张莉却说他今年是89岁，家人正筹备在九月为他过90岁大寿哩。几天后我赶去他家探望，看到他的身份证方知，他的出生日期竟然是1926年，与他自己所述，差了整整10年！我想问个究竟，但他此时已经不能讲话。回家后我拿出他的口述，发现他所述一生行迹，一步一步，都严丝合缝地符合1916年出生这一年龄，那么，究竟哪个是真，哪个是假呢？如果他确实出生于1926年，他又为什么要隐瞒这10岁呢？

圣安师口述之谜不仅年龄一项。但仅就年龄一项考察，就有多处值得推敲。譬如他跟随虚云法师云游天下时，按他自己所述，是在少林寺学佛11年之后的1939年，如果他出生于1926年，那就是说他2岁时就已经到了少林寺，随虚云云游时仅仅13岁，这又如何可信？从这一疑点出发，他对后来经历的讲述，便都令人有真真假假、虚虚实实的感觉。事实上，即便是他对北京各处寺庙的介绍，也是不能认真当作京城寺庙指南来看的。而我却仍将他的口述收入书中。首先，因为这涉及口述史的性质。口述史并不是直接就能拿来使用的可靠史料，它呈现的只是人在身处特定环境和事件时的记忆、心态，以及表达的方式。再者，在北京的民间社会中，宗教与信仰始终占据着巨大的空间，对于像圣安师这样生活并活动于其间的人物，能有与他深入接触的机会，能从他口中了解他的生活，他对过去的记忆、对社会的认知、对信仰的态度，已属难得。总之，从这样一个人物的口述来"进入"北京人的社会和生活，是一个容易被学界忽略的角度，这也是我不惜篇幅，将圣安师的几次口述收入这部书的原因。

圣安师已于2015年5月辞世，他的年龄，终于成为一个永久的谜。

讲到圣安师和他的年龄之谜，我便不由得想到他的师傅虚云法师（这事本身是真是假，我其实也抱怀疑态度），同时也立刻便想到胡适与台湾佛教界关于虚云的那桩公案。虚云据说是19岁剃度，120岁圆寂，活了120岁。这引起了胡适的质疑，他在1959年11月29日台大的演讲中，指出《虚云和尚年谱》初版（岑学吕居士编）史实有误，并表示虚云和尚的年龄亦不大可信，由此引发了台港佛教界及海外侨僧界的剧烈反应。而胡适对他们的答复则是："拿证据来。"他说佛法最根本的五戒，第四戒是不妄语。这件事倒与我这里所说的圣安师的年龄问题有异曲同工之妙了。

第六讲　口述史料的整理鉴别

当然，秉承胡适"拿证据来"的原则，我也只能做到这里为止。

唐德刚先生对胡适的这种态度并不认同，所以他在这里有个按语，"刚按：这里适之先生气得胡子乱飘的情况，是他老人家太'科学'了。研究宗教，他过分侧重了学术上的'事实'，而忘记了那批搞禅宗佛学的人，却很少是研究'思想史'或'训诂''校勘'的人。他们所追求的往往侧重于生命的意义和情感上的满足。'禅'这个东西，在这些方面是确有其魅力的！"这个"胡子乱飘"不知道是唐先生的亲眼所见还是想象。

这段故事，对我理解为圣安师所做的这个口述，很有启发。作为学史之人，我也犯了与胡适先生同样的职业病，也"过分侧重了他口述中的'事实'"，而忽略了本来最该了解的，是"这种"人，是"这种"人习惯性的"表达"方式。我确实对圣安师信口开河的那一通胡说而感到困惑、气恼，怀疑为这个人做口述的意义，如果我有胡子，很可能也会被气得"胡子乱飘"，也会臭骂他是骗子。但如果不从这个角度较真，而是从另一个角度认真来看的话，圣安师是个极具个性的人。他作为一个市井小民的生活智慧和生活态度，还

怎样做口述历史

有对佛教、对人生的领悟，都有他人不及之处，譬如讲天桥一带市民的价值观，可以作为京城百姓中的一类来看。而我后来对他的访谈，有我自己的问题，譬如追问他京城寺庙的名称、坐落地点，那并不是他之所长。

再次是他校。这是我做口述史鉴别整理时，所用最多的一种方法，就是寻找与受访者相关的人，包括与他经历过同一事件的见证人，以及受访者的亲人、朋友，请他们对同一个事件或同一个人物做出自己的表述，然后与被访者的口述做核对，思考其中的差异是什么，又为什么会出现差异。在《老北京人的口述历史》中，我同时为一家人中的兄弟姐妹几个做口述，就包含有这样的目的。

这样的例子比比皆是。例如我在《府门儿·宅门儿》中做的一组口述，我将其统名为《守坟的"四品宗室"》，其中的几名受访者就是一家人，她们分别是"四品宗室"毓珍的妻子、妹妹和女儿，这三个女人从各自不同的角度，讲述了这个康熙皇帝的直系后裔，"一出生就是四品宗室"的一家两代人几十年来艰辛惨淡的生活。

在清朝，未封爵位的爱新觉罗子弟，被称为"闲散宗室"，到乾隆朝时，为他们的面子起见，皇帝又赐给没有头衔的宗室（不包括觉罗）每人一个"四品顶戴"的空衔（犯罪者除外），于是他们又被称为"四品宗室"，但实际待遇比一般的八旗马甲高不了多少，如遇婚丧嫁娶、意外变故，或者食指繁多，也会如普通旗兵一样陷入贫困境地。[①]清亡之后很多人的生活更是陷入绝境。

这组访谈，在该书中可能是最接近于"女性视角"的，不仅因为三位被访者都是女性，还因为她们的讲述相当细腻地再现了困境中的家庭关系和女人的生存状态：她们生活中琐琐碎碎的平庸、磕磕绊绊的烦恼，以及当生计濒临绝境时的挣扎，还有更重要的，是旗人男子所不及的坚忍。而其中最常见的，当是姑嫂关系。金秀珍出嫁之后最让她郁闷的，是小姑子金竹青对她的冷淡。但当我询问她的小姑子时，她却若无其事。

---

① 乾隆四十七年定："闲散宗室均赐给四品顶戴，四品武职补服"（《清高宗实录》卷1164，第43—46页）。他们虽有四品顶戴，但只是个空衔，并无四品官衔，也得不到四品官的俸饷。清代闲散宗室的待遇简略说就是，凡年满20岁，经报准后，每月给养赡银3两，每年养赡米45斛。清代京旗马甲的待遇是月银3两，岁米24斛，也就是说，一个四品宗室每年仅比一个马甲多21斛米（乾隆朝《大清会典则例》卷1，第33页）。

怎样做口述历史

金秀珍：

公公和小姑子不成，规矩还不说，反正我老不合人家心思，老呱嗒脸子（北京话，形容脸色阴沉的样子），不理我，小姑子也如是。

金竹青：

定宜庄：我看书上写的，一般满族家庭的小姑子都特厉害，是吗？

金竹青：对。过去我们家的大姑子小姑子都是站着的婆婆。

定：那您也是站着的婆婆？

金：我？当孙子吧，还婆婆呢。

定：那您跟嫂子关系怎么样？

金：我们俩关系还行，挺好的。

小姑子虽然绝口不说嫂子的不是，但可以看出来她的强势。这种看起来极为琐碎的矛盾，其实对了解旧日一些家庭的人际关系还是不无意义的。

指挥家李德伦先生的家庭则是另一个样子。

李德伦（1917—2001），是中国著名的指挥家，我为他的两个妹妹做访谈，并不是想通过她们来了解和研究李德伦以及他的艺术人生，而是想让这两姐妹唱主角。我想通过她们，了解这个出了著名艺术家的回族家庭及其成员，她们在宣南那种特定的文化氛围中，又有着怎样的生活和成长经历。

萧成（化名）与李滨虽然是亲姐妹，在家中的地位和享受的待遇却相当悬殊，她们对父母、家庭的感情、描述与评价也各有不同。将她们各自的口述与已经形诸文字的《李德伦传》相比，可以具体形象地体会对于同一事物或同一个人，在口头叙述与书本描写之间，尤其是在普通人口述与名人传记之间的区别。以小见大，对一个家庭如此，对一个大的事件、大的时代也同样如此。两姐妹的不同叙述，呈现出一个立体的家庭，也是对李德伦在家庭中的长子地位、他对弟妹（主要是妹妹）的态度等，所做的一个生动的侧面描述。

与上述"四品宗室"异曲同工之处是，在受气一方讲述家庭带来的阴影时，受宠的那一方则似乎是浑然不觉，只字不提。这类鸡毛蒜皮的家庭小事，其实对于家庭成员的性格、思想乃至以后走上的人生道路，影响都是巨大的，这虽然不见于"宏大叙事"之中，但在口述访谈中却屡见不鲜。

最后是理校。陈垣先生引段玉裁说，遇无古本可据，或数本互异，而无所适从之时，则须用此法。当访谈稿所涉史事无其他访谈可据的时候，能够参照的往往就是文献了，容待下文详叙。

被访者在陈述过去发生的事情时，总会有相当的选择性、重建性，也会有现实取向，所以仅仅针对一个人的访谈往往存在局限。史家常说证史切忌孤证，对同一个事件、同一个问题，切忌只听一家之言。即便做的是被访者的生命史，选择尽量多的旁证也是必要的。这就像用文献证史时的"他校"。这样的对照访谈饶有趣味，有仅做一人访谈所了解不到的多面的、丰满的信息。

三、口述史料与文献考证的结合

上面提到的校勘，还只是就访谈本身而言，其实还有更

187

重要的方式，那就是用文献与访谈所做的比对。正如游鉴明所说："如何将访谈稿变成史料，而非口耳相传的故事，是整稿时需加留意的。这就如同史学写作一样，应在整稿时做考证的工作。"①

重视这一点的原因，就是它触及了口述史学科的"软肋"，即口述究竟有多少真实性的问题，这是口述能否成为"史"的要害。

在没有文字文本的时期和地域，同样也可以做口述史，这种完全不依赖于文字文本的口述史作品，现在有，将来也一定还会存在。但是，具体到我做的《老北京人的口述历史》一书，既然受访者所述时期还同时存在着大量官私方文献（包括档案），所以将文献引入口述中的工作便不可免。这表现在：

其一，寻找受访者时，让文献起到向导和定位受访者社会角色的作用。如前述。

其二，将受访者讲述的内容与文献进行对比和参照。

其三，当二者间出现不同的时候，并不是简单地判断哪

---

① 游鉴明:《倾听她们的声音：女性口述历史的方法与口述史料的运用》，左岸文化出版社2002年版，第66页。

个更真实、更准确，而是考察这一差异出现的原因，并以此引导出下一步的求证。当然，在整个访谈过程中，无论在文献上下了多大的功夫，也必得是居于幕后、隐而不显，因为在一部以口述为主的著作中，是不可以让文献喧宾夺主的。

总之，将文献记载与口述记忆结合起来认识历史，是区别于人类学、民俗学口述传统的主要特征，也是我这部口述史区别于其他有关老北京人访谈、传记的主要特征。

口述因人而异。它是流动的、一次性的，即使是同一个人，在不同的年龄、不同的场合，面对不同的采访者，他（她）的口述也会衍化出不同的版本。文献却是稳定的，人们常说"白纸黑字，铁证如山"，即指其一旦形诸文字，便很难再修改、再推翻。与人类学家不同的是，史家做口述时，无论从上至下还是从下至上，他们更感兴趣和更愿选择的，总是那些有文字记载的人群，这就具备了以稳定的文献与流动的口述相参证的条件。史家讲究的是校勘辨误，这当然是就文献与文献之间的互证而言。如果再跨越一步，便是王国维提出的"二重证据法"，讲的是以考古发掘的文物与文献互相参证，此法早已为学界承认并推重。将口述与文献互参，在方法论上不仅仅与"二重证据法"有一脉相承之迹，而且既可以纠正被访者有意或无意的记忆失误，更可以二者互参，以文献为据，分辨哪些是被访者在此基础上有意虚构出来的东西。而对这种虚构本身的研究，包括被访者何以要进行虚构，虚构之后又隐藏着什么样的历史背景与社会心态，等等，往往是研究者最感兴味也是最有研究价值之处，这便比"二重证据法"又跨越了一步。所以，对于口述而言，文献是必不可少的基础和参照物。没有比较和参照，就谈不上研究，更谈不上研究的深入。其他学科的学者面对浩如烟海的古籍，很难有进行艰苦烦琐的爬梳考据的耐心和毅力，而这却正是史家最见功力的长处。如今已有学者指出，我国有些口述史学者在当前的田野实践里对于文献没有足够的重视，甚至还没有意识到这里也有与文献考据相仿的一套技巧。在本书中，对于如何将口述实践与文献考据有机地进行结合，我做了初步的尝试。

以在前面提到过的人物——戴鑫英先生的访谈为例：

戴先生特别热衷于与学者打交道，尤其是特别热心参与各种学术活动，但内心里对学者却颇为轻视，认为学者从书中读到的一切都是被他们这些有过亲身经历的人"嚼烂了的"。但首先，他所谓的"亲身经历"不过是他从他出身的那个阶层耳闻目睹的身边的那一点点，代表不了社会生活的全部；再者，他并没受过正规的学术训练，所以他敢口出狂言。我在为老北京人做口述的过程中，遇到的像他这样的人实在是太多了：那些从未入过皇宫也从未在宫廷生活过的宗室后人，却以为只有自己才是讲述清朝宫廷各种逸闻的权威；那些因为自己的祖先曾是旗人，就以为自己是贵族的后代，拿着几个听来的名词夸夸其谈。诸如此类，戴先生便是这样的人之一。

对于这些人，我的学生曾劝我不要去找。但我认为，访谈既然是双方交流互动的结果，那这种交流互动就不可能都是正面的、积极的。我在多年做访谈的过程中，遇到过不止一次不被尊重、不讲实话、故意将话题带偏等情况，这是口述工作"五味杂陈"中的一味，也是不可或缺的一种经历，更是面对文献时不会遇到的问题，因为文献是不会小看人，也不会对不同人采取不同态度的。

面对这样的受访者时，我的学术功底、我对文献的熟悉程度，使我能够觉察他们的问题，也是能够支撑我将访谈进行下去的前提。

回到戴鑫英（引号里是他的原话，破折号后是我的

191

考证）：

"我大姨嫁给北城的王家，也是满族的一个大宅门，拨什库。"——拨什库为满语，即领催，八旗小官，司文书、粮饷等事，并非如戴先生所说是大宅门。

"我祖上一直就是一般的护军，在大内里头，但它品位高呀，好像最高做到骁骑校。"——骁骑校：清制，每佐领下设骁骑校一员，为正六品，品级并不高。

"我外祖父家是大内恩丰仓的仓吏，正黄满，尼玛察氏，姓杨，在西城号称仓杨家。仓杨家在西城养马营一带，老地名叫达子庙，是一个胡同，他们老宅子在那儿。"——清沿明制，官府与八旗官兵的俸粮主要仰仗从京杭大运河北运而来的漕米，所以粮仓、粮库到处都是，最主要的有"十三仓"①，也称"京仓"，如南新仓、禄米仓、北新仓等，在南粮北运的过程中，担负着京师储粮的重任，但恩丰仓不在这"十三仓"之中。

《大清会典事例》（卷1182）有记，恩丰仓确实存在，归

① "十三仓"又称"京仓"。按清中期以后的传统说法，"十三仓"是禄米仓、南新仓、旧太仓、海运仓、北新仓、富新仓、兴平仓、太平仓、储济仓、本裕仓、丰益仓，以及设在京东通州的中仓、西仓。

属于内务府。1763年（乾隆二十八年），高宗弘历下旨在东华门外护城河边的空闲围房中选用70间设立仓廒，用于存贮太监应领米石，赐名恩丰仓。但到了1900年八国联军入侵北京时，恩丰仓被洗劫一空。至于仓杨家，旧日也是北京一个家有百口、人丁兴旺的大户，但据他们的后人称，管理的不是恩丰仓，而是"十三仓"之一禄米仓。[①]持此询问戴先生，他坚称他外祖父就是恩丰仓仓吏，绝对没错，至于仓杨家，他说在北京未必就仅此一家，他家是西城仓杨家，但还有可能有别的仓杨家，也可以有两家、三家甚至多家，看仓而姓杨的就都可以唤作仓杨家，就像他家被称为邮局戴家，但北京城还有邮局李家，这不矛盾。

据我分析，他可能听家里人说过，母家祖上有人是看库的，至于所谓恩丰仓还是所谓仓杨家，很可能是他在随便哪里听到过的两个名词，便将其联系到了一起，当我认真追究起来的时候，他便拿出这样一套说辞，我将他的回复放在注释中，读者可以自己分辨。

戴鑫英先生在2002年的这篇口述中提到，他祖母的娘

[①] 此说法见于中央新闻电影制片厂《老胡同的传说——风雨禄米仓》的解说词。

家是瓜尔佳氏，家里是肃亲王家的包衣①，在北京的坟地在架松②。又说他记事的时候，祖母家就沦为架松坟的坟少爷，世世代代世袭给肃亲王家看坟，一直沿袭下来，繁衍成一个大族。他说，一提架松关家，谁都知道，在当地势力也挺大。现在架松坟还有他们的人居住，但是大部分都有职业了。

10多年之后的2016年，我为关俊民先生做了一次访谈。关先生很年轻（1968年出生），我访他的本意是想了解肃亲王坟坟户的往事和劲松（也就是当年的架松）一地的变迁，他却不断地提到已故多年的戴鑫英：

　　定：戴鑫英他们祖上是做什么的？

　　关：他们就是普通的皇上侍卫。……他跟什么坟包衣、坟少爷一点儿关系都没有。

　　……

---

① 包衣为满语，即"家人""家的人"，如今多被误解为奴仆、奴才，殊失本意。

② 肃亲王豪格是清朝第二代皇帝皇太极的长子，为清代八家铁帽子王之一。架松坟地葬有第一代肃亲王豪格，还葬有最后一代肃亲王善耆，即金璧辉（川岛芳子）之父。其地因有几棵遒劲、盘曲的松树，须由架子支撑而得名架松。详见拙著《老北京人的口述历史》下册"白四口述"。

怎样做口述历史

这是个很好的旁证，因此我对于戴先生口述价值的评价，就有了更多的参照。

以稳定与流动相参照，只体现了文献价值的一个方面，以"点"与"面"相参照，恐怕是文献更重要的功能。口述的对象是一个个的个体，他或她所谈的经历与往事，不可能与他生活的大背景毫无关联，也不可能互无影响。例如老北京人对1900年八国联军入侵北京一事，无不具有异乎寻常的深刻记忆。但旗人后裔与汉人和回民对此的述说，却存在很大差异，如果我们不了解那个特定时代的历史背景，不了解清朝统治者的少数民族身份和生活于八旗社会中的旗人特点，对这些差异就无法理解和做出正确的解释，而对于这种大的历史背景的把握，又不可能离开当时的文字记录。

总之，当我们把以个人为主的口述看作是"点"，将文献记载的历史背景看作是"面"时，置于大事件之中的小角色的感受，才会变得饶有兴味和深具学术价值。所以我认为，这是文献之于口述史不可替代的功用。

这里要特别提到的是，不是所有的口述都与文献的记载相悖，尤其不要造成这样的误解。其实很多时候，口述也可以成为文献记载的证据，这一点可以以北京的南营房为例

第六讲　口述史料的整理鉴别

说明。

清军入关之时，曾为八旗官兵分配房屋，并按旗分置于京城各方位。但从1695年（康熙三十四年）皇帝的一道上谕来看，京城内的无房兵丁竟然已达七千人。而且"京师内城之地，大臣庶官富家每造房舍，辄兼数十贫人之产，是以地渐狭隘"，此时距清入关仅仅半个世纪。由此可知，旗人内部的贫富分化在清初即已开始，那些大宅富室，动辄就能达到占据半条胡同的程度，靠的也是多年的兼并积累，而非一朝一夕之功。

康熙朝时，国力尚称富裕，所以康熙帝下令，在城门外按各旗方位，每旗各造屋2000间，凡无屋兵丁，每名给予两间，不得随意买卖，亡故后交回。康熙帝说得很轻松，造这些屋子，无非花费30多万金，好比国家造一个大宫室而已。①

选择各城门外的地段造房，显然因为这里地价最低，这便是京城各城门外八旗营房的由来。几百年来，这些营房成为京城最贫困旗人的聚居区。这些营房在最近几十年间被陆

---

① 《清圣祖实录》卷一六七，康熙三十四年五月辛未。

续拆除，到2004年为止，朝阳门外南营房，已经是仍然保留完整的最后一片了。近年来"北京热"升温，南营房成为一些对老北京与老旗人倍感兴趣者不时造访的对象，但常有人将其作为老北京旗人的代表，形容说这里的旗人在清朝时曾大富大贵，这个定位便错了。须知八旗之内也有阶层，有贫富贵贱之分，并非所有的八旗子弟都有过高官厚禄的祖先，作为满族社会底层的八旗人丁，他们的没落并非始自辛亥革命以后。

"穷"似乎是南营房这个人群生活的主题。直到1956年，北京市委的报告仍称：据朝阳门外营房满民聚居区的调查，107户满民中大部分过着贫民生活，一小部分生活困难，年均收入每月每人5元以下的有27户，占25.2%。[①]这成为北京市民族工作中最需解决的困难户。但是另一方面，穷人也有穷人的活法，也有穷人的乐趣和追求。穷并不妨碍他们把日子过得有滋有味甚至有声有色，就如关松山老人讲述的那样。

---

① 《中共北京市委关于几年来民族工作情况向中央的报告，1957年3月26日》，载于《北京市重要文献选编》，中国档案出版社2003年版。转引自《当代北京大事记》，《当代中国的北京》编辑部编，当代中国出版社2003年版，第105页。

第六讲　口述史料的整理鉴别

关老人的口述是《老北京人的口述历史》一书中内容最丰富、最精彩的篇章之一。他讲述的诸如走会、摔跤、拉洋车、入庙当道士等经历，虽然在其他介绍老北京民俗的书中也会见到，但他从亲历者的角度，讲述的那种生活状态与感受，远非那些平铺直叙的描写能够相比。

正如他的儿子，也是介绍我去采访他的关圣力先生所说："他这个人哪，他这些个东西，别看零零碎碎的，整个就可以贯穿这边穷人的生活。"

由此可见，康熙朝《清圣祖实录》等文献的记载，为我们提供了清朝八旗下层旗人生活的一个大背景，而关松山老人的口述，则将这些穷旗人的生活具体真切地体现出来。这也可以换一个角度说，那就是将受访人置于一个大背景之中，在有史家记载的这个大背景之下，以口述来探寻个人的记忆。所以，在探寻个人记忆的时候，大事件便是不可或缺的前提和背景。这正是口述访谈的特殊价值之所在。

总之，一个具有职业性好奇的史家，当他面对躲藏在访谈对象背后的、远比口述者闪烁其词的、语焉不详的甚至漏洞百出的讲述更为精彩、更为深沉的真相时，很难就此止步。即以唐德刚为胡适所做口述为例，胡适为唐先生讲述的，仅仅是胡适那复杂丰富一生的冰山一角，如果不将隐没在水中的更大的部分尽可能多地呈现出来，人们并不知道这座冰山是什么样子，而这正是负责任的史家应该努力去做的工作。如果再深入一步，那么这座冰山所露出的部分为什么是那个样子，就更值得史家去探究和分析，而这，往往就是对某个具体个人所做访谈的最大意义所在。

毕竟所谓的整理鉴别要花费的精力和时间，远远多出现场访谈数倍、数十倍不止，这不仅会影响组织者和参与者的积极性，甚至会导致口述材料的二次流失，这是当前一个颇令人担忧的问题。所以，提倡严肃认真地进行后期整理工作已经迫在眉睫，只有这样，才能使访谈录音能够为人（包括专业人士和群众）所用，口述史才能跳出"运动"的框架，持久地开展下去，而不致一哄而散。

第七讲　访谈伦理与自我保护[①]

口述史牵涉的不仅仅是学术观念，还包括个人隐私权、个人利益等一系列现实问题，这是初学者必须事先了解并有思想准备的。凡将口述史开展成一项"运动"的国家和地区，都会由专业学者对参加口述工作的初学者进行专业的指导和培训，即使是专业的史学工作者，对通行的伦理行规也不可不知。这一问题目前还没有引起中国口述史学界的充分重视，但它对于口述史的进一步发展却至关重要。

---

① 这一讲是我和苏柏玉共同撰写的。作为做过多年口述实践的年轻人，她更理解年轻人从事这项工作时的处境和应该注意的问题，其中很多是我这个年龄不太感受得到的。因此，我将她的一些议论和感受引用到这里特此说明，并对她的帮助和建议表示衷心的谢意。

一、口述访谈的"行规"

口述史要面对一个与其他学科都不相同的问题，那就是，只要把访谈稿公开，就要决定是否使用受访者的真实姓名。受访者如果是名人，这就类似于为他本人所写的传记，例如唐德刚为胡适、李宗仁等人所做的口述，假若不用真名，就完全失去了价值。目前国内各官方机构组织的中国科学院院士和中国工程院院士口述、非遗传承人口述，以及各界知名人士的口述等，当然也都不可能不用真名。就我自己来说，我多年来所做口述的人物中，有些多少也算名人，如黄宗汉、刘曾复、常人春，乃至屡见于报端的佘幼芝等，他们当然用的都是真名。至于那些占据大多数的、不见于经传的普通人，我历来的做法，是怎么署名都由他们自己决定。他们中的绝大多数，毫无疑义地也都同意用真名。坦率地说，一篇口述史作品，只有用真名，才有史学价值，没有用真名的，就只能当故事看了。当然，如果受访者情愿采用自己的另一个名字，譬如字、乳名以及别称，可以另当别论。

用真名必然会产生一系列问题。其中最让做口述史的人感到压力和烦扰的，就是访谈中的一切，包括访谈的进度和过程，都不能由访谈者完全掌控，如果运气不好，还很可能会事倍功半，甚至前功尽弃。还有些事情，会给访谈者带来伤害甚至危险，而这些伤害和危险有时候是在意料之外突然发生的，让访谈者猝不及防。再有则是访谈触及了某些敏感点，导致受访者或相关人士受到伤害，于是便将访谈者告上法庭。这样的事件，以前都真实地发生过。

所以，为了尽可能避免出现这种问题，口述史作业者在做访谈和整理时，一定要签订合同。即使访谈录音和初稿暂时不发表，也要把合同保留好，如果公开，就务必要签。

在我和汪润主编的《口述史读本》中，我们曾在一位人类学家的推荐下，引用了一篇《美国人类学协会伦理律令》，这个律令是美国人类学家必须遵从的，它强调研究者不仅对被研究对象负有伦理道德责任，还要对学界内部和科学性负责，要正确处理自己的学术立场与公众观念之间的关系。凡此种种，在中国口述史学界目前还没有被特别重视和提上日程，这些律令也许能够为我们今后的研究工作提供某些启示。① （该律令的具体内容可参照读本）。而人类学家将这个律令视为"学科和行业的生命线"，并强调要将学问放在伦理之下，把人格放在功利之上，对于今天的学者，是有振聋发聩作用的。

对于口述访谈可能涉及的一系列法律问题，唐纳德·里奇在《大家来做口述历史》一书中，从史学的角度，有"法律相关事宜"一节来专门叙述。他把做口述史时涉及双方权益的各个方面，以提问的方式逐一提了出来。②台湾地区的学者对此更是十分重视，可参见冯震宇《口述历史应注意的法律问题》一文。他说，口述历史所面临的法律问题，主要在于著作权法的问题，但除此之外，口述历史也涉及其他的问题，特别是契约、隐私权与资讯公开等，其重要性不在著作权问题之下，有关隐私权的问题也更重要，实不容忽视云。③这些有关法律的说明和实例，对于实践者，虽然可能

---

① 定宜庄、汪润主编:《口述史读本》，北京大学出版社2011年版，第84—96页。按：美国人类学协会（The American Anthropological Association, AAA）是美国规模最大的人类学专业组织，该学会创始于1902年。该律令会经常性地进行修改，这里引用的是根据2009年版的译本。

② 唐纳德·里奇:《大家来做口述历史》，第十二章，第80—89页。

③ 许雪姬主编:《台湾口述历史的理论实务与案例》，台湾口述历史学会2014年版，第57页。

没有直接的参照作用，但却都是重要提示，或者也可以说，是提前给我们的一个提醒。

在里奇提到的11条"法律相关事宜"中，有几条还是有必要提一提的：

1. 记者采访不需要授权文书，为什么口述历史学家需要？

《美国著作权法》规定，任何人的语言或观点一旦被记录，不论以何种具体形式，便自动享有著作权，其期限可延续到作者离世后50年。也就是说，受访者甚至不必到著作权机构登记，就可以取得自己在访谈里所说的"只言片语"的著作权。任何口述历史项目或研究者在出版成果时，如果在访谈里摘用了超过合理引用限度的访谈内容——所谓合理引用就是字数很少的引用——又未经授权或合同的许可，那么受访者便可起诉他的著作权受到了侵害。

一纸简单的授权书便可以将著作权授予访谈者或是口述历史项目，让他们有权做适当的使用，并挑选适合的机构收藏。有些文件则是由访谈者与受访者联合签署，受访者自愿放弃该资料的著作权，而把著作权捐给公众使用。著作权归属公众所有后，简化了行政的程序，但是也就无法控制资料的使用了。

2. 受访者有权长期封存访谈吗？

反复的保证常能顺利促成访谈的提早授权开放。

3. 在出版自己的访谈时，受访者拥有哪些权利？

受访者可能想拥有优先使用权。他可能想在自己写作自己的书稿期间，继续封存访谈资料，而该口述历史可能是他自己撰写书稿的大纲与核心。

4. 如果有人要求归还录音和抄本怎么办？

如果受访者坚持己见、一意孤行的话，最终录音带还是必须"双手奉还"的。

5. 口述历史的内容会被认为是诽谤或者中伤吗？

不幸的是，答案是"是的"。

凡是我引用了答案的地方，都是我认为值得关注的。这几条涉及的，都是受访者的权利，包括受访者的著作权可以延续到他离世后50年、受访者有权长期封存访谈、受访者享有优先使用权、有权向访谈者索要录音和抄本，乃至于，有权将访谈内容中不同意的地方指责为诽谤和中伤。从这几项规定中，可知访谈者的困难和无奈。

在这里对于做访谈者，提几个需要关注的问题：

怎样做口述历史

第一，访谈时的录音必须征得受访者同意，所以录音笔应该放在能让受访者看到的地方。有些访谈者为了获取想要的资料又担心受访者不愿讲，会把录音笔隐藏起来不让受访者看到，希望能使受访者无所顾忌而口无遮拦的做法，是非常不可取的。

第二，关于访谈者在访谈完成之后，是否还要与受访者保持联系的问题，这在不同学科有不同的看法。在史学界，台湾学者许雪姬的说法是有一定影响的。她认为：访谈者不应该将受访者当成工具，访问前费尽唇舌劝他接受访问，访问后既未整出文本，也未给受访者看过，便刊之于世，甚至和受访者不再有任何关系。但如果保持联系，则有可能节外生枝，如受访者提出超过访谈者能力之外的要求，或者以访谈者之名做些其他活动，因此注意避嫌也是必要的。这样的事应该如何处理，就只能因人而异了。

反之也一样，由于我们国内的很多人，尤其是老人，并没有很强的自我保护的意识，有时又碍于介绍人的面子，对于访谈稿的下落不再追究，全然不知访谈者的这种做法违背了口述史的职业伦理。访谈者对此是应该引以为戒的。

第三，这其实可能不是法律上而是道德上的问题，即考

第七讲　访谈伦理与自我保护

虑受访者是否会因访谈而受到伤害，询问问题时是否应该尽量不碰或少碰受访者的痛苦或隐私，尤其是不要一而再，再而三地不断伤害。这种情况屡见于新闻采访中，或许因为只有这样才能抓住新闻热点。但作为口述史学者，除非必要，除非受访者本人有倾诉的欲望，我是不赞成过多谈及这样的往事，尤其不赞成非得把人刺激得泪水横流才算成功的做法。

二、我的经验和教训

几乎每一个口述史学者在从事访谈到出版的过程中都会遇到法律和伦理方面的问题，这些问题往往不是一张授权书可以解决的。但我开始做口述历史访谈时，并没有充分意识到这一点，也没有把伦理问题想得多么复杂，这也正是让我有勇气、有热情投入这项工作中的原因。

（一）最初的合同

我的第一部口述史著作，是1999年出版的《最后的记忆——十六名旗人妇女的口述历史》，这是我在接触口述史学理论之后所做的首次尝试。初次入行，不知深浅，被我采访的那些老年女性，也与我同样懵懂。她们中的很多人，子女忙于工作和家务，并没有时间和闲心听老人叨念那些陈年往事，即使有些子女肯听愿听，也不知道这些东西有什么意义，只不过是为了哄老人高兴而已。我后来做《老北京人的口述历史》，访谈的老人也有不少处于这样的状态，譬如清朝内务府总管大臣增崇的后人奎垣先生对我描述他的状态时，就说自己每天都"像死一样的寂寞"。受访老人的子女觉得有人愿意陪老人说说话是很好的事，所以也极少干预。几乎无人想到还有受访人权益的问题。我只是在将修改稿交给他们过目之后，请他们简单地签个字就可以。我当时出具的合同，内容就只有三点：

第一，是否同意我正式发表。

第二，如果发表，是否同意用真名。

第三，如果不同意用真名，请自行决定采用的名字。

结果，几乎所有的受访人都毫不踌躇地签了字。我在京西外火器营访问过的胡福贞老人，还一边签字一边高兴地说："人过留名，雁过留声，多好的事！"

在16名旗人妇女访谈中唯一没有用真名的，是文铭，

第七讲　访谈伦理与自我保护

她说她用的是参加革命前的名字——文毓秋。这不是出于著作权之类的考虑，也不是担心她说的话会有什么麻烦，她只是在讲起自己人生时，想用未嫁时在母家所用的满族姓名，为她自己留下一段感情、一个念想而已。此外的所有人，都用了真名实姓。

至今犹让我难忘的，是这些像母亲、像姐妹一样的女人给予我的温情。几乎每次访谈，她们都会留我在她们家中吃饭，并备下精美的餐馔。她们对我的拜访都十分欢迎，很多老人在与我签订合同时还都会问一句话："那我签了字以后你是不是就不来了？"甚至有个老人只是因为担心我会不再去，而百般拖延在合同上签字。我真的不知用什么样的语言，才能表达我对她们的感激，因为我后来再做访谈，有甘有苦，却越来越少体会到这样的温馨了。

我后来做访谈常会面临一个难题，就是老人故去之后，他（她）的亲属不肯再将我们当时的访谈稿发表。但是，这16名旗人妇女的后代，迄今为止没有一个人为这样的事找过我，也就是说，他们与我之间，始终没有发生过什么纠纷。那时候我最担心的，是接到她们子女的电话，因为他们只要打电话给我，就是向我告知他们的母亲辞世的消息。有的子女还会对我表示感谢，感谢我为他们的母亲留下了最后的声音和影像，感谢我记录下了他们母亲的故事——这样的事，后来就越来越少。如果说这几十年北京发生了巨大变迁，人心的变化，应该也算一例。

当然也有另一个可能，那就是我做的这个群体的特殊性。满族妇女普遍个性鲜明、直爽泼辣，而且与我，多少还有因为同是满族的认同感。

此后再做访谈，遇到的人形形色色、好坏兼备，就远没有那么简单了。

（二）我遇到最多的问题

1. 口述史访谈常常会受到受访者的干预，也经常会有反复。例如与某位受访者进行多次交谈，花费很大心力将其整理成篇之后，该受访者又忽然表示不愿将其公开发表，或者亲自捉刀，将访谈者认为最有价值和最精彩之处删除，导致被删之后的访谈稿已经再无发表的意义，这恐怕是所有的口述作业者都面临过的尴尬处境。

当年在《老北京人的口述历史》序言中，我曾这样表过态：

对待这样的情况，我唯有将自己的心态放平而已。因为被访者已经与我交谈过，已经给我讲过那么多故事，这本身就是对我的帮助和支持，发表不发表不是最重要的，重要的是我的获得本身。

我把这形容为"买卖不成仁义在"。

其实，这样的"大度"实在是草率了。后来这种情况越来越多，我就再不肯轻言放弃，而是会反复地、想方设法地与受访者交流、解释，就像某个口述史学家所说的那样，就好像是在谈一笔生意，双方不厌其烦地、一点一点地讨价还价，有的终于成交了，还有的不成功，便只好等待机会，留待将来了。

首先，受访者最大的顾虑，经常是政治上的考虑，尤其是在讲述20世纪50年代及其后来的历次政治运动的遭遇之时。我所做所有与北京人有关的项目，虽然说的是讲述自辛亥革命以来这百年的历史，实际上大多数都是详于前50年而略于50年以后。即使对以后数十年有所交代，故事大多也平淡无味，不如前数十年的故事生动精彩。有位受访者在接受访谈之后，曾专门为此给我来电话，说他讲的话，只要

怎样做口述历史

涉及政治、宗教，千万千万删掉，他说现在想起"文革"来心里还哆嗦。我说，都这么大岁数了，还有什么可怕的，他说怕影响孩子，将来给孩子安个"反革命分子子女"的身份他受不了。

其次，是担心伤及他人，惹出是非。仍是上面提及的这位受访者，他给我打电话，坚持要与我和与我同做访谈的苏柏玉"碰碰头"，原因除了担心因"文革"内容出事，更多的是谈到了他与单位领导的矛盾。我说谁都是在单位待了一辈子的人，哪个跟领导与同事没有过磕磕碰碰的？忘记了吧。但他还是忘记不了，我与他商量，是否把柏玉录的那段内容删了，他不接茬儿，我说那是不是把我们做过的那些访谈，整个删掉才好呢？他犹豫良久，最后是在我们决定将他与领导关系的那段删掉之后，他才同意了发表。

这件事给我一个启示，那就是，在受访者要求将整个访谈撤掉的同时，要尽量具体地分析受访者不准公开发表的原因。可以在不损害访谈主题的前提下做出一定程度的让步。有时候，这样的删改会导致访谈稿整体看来都不再有意义，结果是除了放弃别无他途；也有的时候，虽然删改使访谈原稿的意义和精彩程度失掉了很多，但还勉强可用，就只好妥

213

协而采用。

做老北京人的口述有个好处，老北京人以豁达开朗、见过世面者居多，很少有人会为访谈稿的文字与我字斟句酌，甚至有人一看就过。从我的经验来看，反对我发表的，几乎都是他们的子女。按照著作权的规定，即使本人身故，他的著作所有权仍然存在，由配偶子女行使。我做口述20多年，配偶出来对访谈稿发表意见甚至阻止稿件发表的，还没遇到过一例。但子女出来阻止的，却屡见不鲜。他们不愿访谈发表的原因，最多的是出于面子，觉得长辈家长里短又不知轻重，揭开了他们家族一些不为人知的往事。尤其一些名人子女，会因父母叙述家族的没落（尤其是吸食鸦片等恶习）而让他们觉得丢人。某某兄弟的口述出版后，就有家人提出过不同意见，多亏有受访者本人的坚持和出面协调，此书才得以顺利出版。而我对另一位相对也有些名气的人物所做访谈，由于该人物早已去世，其孙坚决反对，就只能以作罢告终。

这里要特别说明的是，如果受访人提到了自己的家庭、朋友，既没有对所涉及的个人直接造成伤害，也没有恶意攻击和捏造谣言，那么口述作品的公开与发表，我认为还是要

怎样做口述历史

遵从受访人本人的意愿。如果对某些事情的描述和评价造成家人的不快，负责去安抚也应该是受访人的事，因为如果访谈者出面，只能是越做越糟。

还有一位反对我把访谈稿发表的，是同仁堂的一位老药工，他拒绝在合同上签字的原因，是他认为我不懂中医中药，为他所做的访谈没能把他心里想说的话说出来。他说的当然是事实，我对中医中药不仅一窍不通，而且根本不相信。也许他在与我的对话中发现了这一点，所以不满。好在有介绍人张海燕女士出面，与他的儿子反复斡旋，他才终于不再坚持。但这确实给我一个警示，那就是，访谈者当然不可能事事都懂，也不会对受访者所谈诸事都有兴趣，解决办法有三：一是不要自以为是；二是自知不行，便要多学多问；三是请教内行人，争取他们的协助。如我访这位老药工时，请海燕女士一道前往，乃至后来由她主问。这也是后来出版《个人叙述中的同仁堂历史》一书时，与她联合署名的原因。

当然，也有一些访谈稿被删除，是访谈者所为。原因有三：第一，也是最普遍的原因，是为了避免出现敏感性内容进而影响整个稿件的正式出版；第二，是访谈里面有辱骂他人的内容；第三，是访谈中那些风言风语、低级趣味的八卦。在删节之前，访谈者要告知受访者，并说明删除的原因，尤其是第一个原因，并征得对方的理解。

当然还有一些，是谈话涉及个人隐私，或者本人，或者家人不愿将其公开，这样的事例很多，直到现在，这些例子也不便公开写进书里，便只能到此为止。

2. 在唐纳德·里奇《法律相关事宜》第2条中，他提出"受访者有权长期封存访谈吗"的问题。他的回答也是相当无奈：反复的保证常能顺利促成访谈的提早授权开放。

这样的事情，我同样遇到过，在耗费大量时间、进行多次访谈之后，受访者只是要求让他本人把整理出来的访谈稿再审查和修改一遍，结果是无限期地拖延，我多次沟通无效，也只有徒唤奈何而已。

3. 上面谈到，我为旗人妇女做访谈之后所签的合同非常简单，事实上，那个合同存在着极大的漏洞，只是我当时没有意识到。这个漏洞，就是我只是单方面地为受访者的权益做了约定，我在保证必须得到受访者同意的情况下才能将访谈稿发表，却未曾意识到，访谈者也有自己的权益。明确地说，就是受访者同样不能在未征得访谈者同意的情况下，私自将访谈稿发表。

在我为老北京人做口述历史的同时，曾受一位朋友的委托，为她一个朋友的母亲做过访谈，这位母亲生活和成长的经历与我研究的领域完全不同，但作为一个女性的生命史，可以用来与我熟悉的满族女性乃至北京城的女性做一对比，这令我倍感兴趣。我进入现场时，首先向她申明了她的权益，我说我会在现场录音，但不会将她向我讲述的任何内容包括录音和文字稿，在未经她许可的情况下私自发表，我说我将录音稿整理好之后会交由她审阅，她当场点头答应。在我看来，这是一位看起来和蔼慈祥的老人，我对她也很有好感。

访谈做了四五次之后，我将访谈的逐字稿交给我的朋友，没想到她竟把这个稿子转给了受访者的儿子，他对他母亲的早年经历也很有兴趣，甚至表示希望我继续做下去。

让我没想到的是，不久之后，这位受访者的儿子就把我访谈的逐字稿让人做了些文字的润色修改，自行出版了。尽管他们在出版物上写了一句是经由我的访谈，但这对我仍然构成了深深的侵害。这不仅是侵害了我的权益，而且由于我无法继续做下去，毁掉了一个很好的选题，他们自行出版的那份口述，因为没有专业人士的审阅和把关，实际并未达到出版水平，也没能产生什么影响，十分可惜。而我在合同中，由于没有提到访谈者的权利，也就是说，没有要求受访者发表前必须征得我的同意，所以我也无法得到法律上的支持。

这事让我非常沮丧，也让我在此后签署合同时，记住了这个教训。

4. 还有更严重的，而且不止一例。一般地说，这种情况都发生在受访者是名人的情况下，因为受访者如果是普通人，也不会有这种被其他人采访、报道的机会。2008年5月至8月，我曾为一位名人做了20余次40余小时的访谈，他为我们详细讲述了他的一生，我每次整理后的逐字稿和访谈稿，也都一一交给他看过。但是当某电视台想要采访他时，他没有与我商量，立刻就决定将所有的访谈稿交给他们，他希望他们能为他做一个系列节目。他可能完全没有意识到，这个访谈稿是我和他合作的产品，我也有著作权，如果全部交给电视台，必须征得我的同意。他只是觉得，电视台如果能够采访他，影响会比我这种学术人的采访大得多，也不会像我那样"挑剔"，而他当时已经年过八旬又身患癌症，觉得自己时日无多。

我在为他做访谈前并没有签订文字合同，原因之一是介绍人的面子，之二是我对他的信任。经反复交涉而他不肯让步的时候，我已经为自己划好了底线，那就是：即使一切如他所愿，所有的稿子都交由电视台处理，我也不会为此与他翻脸，只能自己认栽，然后接受这个沉痛的教训。

此事最后得以解决的原因，一个是介绍人从中斡旋成功，另一个是电视台根本没打算将他的故事作为重点，而只是蜻蜓点水地做了一集之后，就不了了之。此事于是告寝，我们双方后来也就都未再提起。

此事结局完满，没有成为教训，却是对我的重要提醒，那就是，访谈时要特别关注受访者的表现和态度，要尽量充分地站在他的角度与他交流，而不是浅谈辄止。所以，真正尊重受访者，而不是将尊重仅仅停留在表面，是对口述工作者的职业要求。

（三）合同的签订

我做过一些没有签合同的访谈，都是因为受访者是我十分尊敬的长者，而且，当他们觉得没有签合同的必要时，我也不好意思坚持。他们认为签合同是受外国人的影响，中国人没这个，就一言为定，你看晋商、徽商，一句话，就是好朋友。但是就我后来的经历来看，这种做法只适用在极少数人身上，毕竟已经不合时宜了。当然，对我讲了这话的长者，也还是与我完成了合同的签订。

从实际情况来看，合同并不能一概而论。至少有两种是必须分开的：第一种，是与受访者签订的现场录音的合同，兹附于本文之后，可参考，凡主要是保存访谈录音的作品，都可以签这样的合同；第二种，是我们在访谈录音之后，又花费大量时间所做的工作，包括查阅的文献档案、寻找相关的资料和作品，乃至于为相关人所做访谈，这些工作所费时间和精力，可能远超现场访谈的十数倍、数十倍，这都不包括在合同之内，这些便与受访者无关了。

三、学会保护自己

我初撰此稿时，这个"保护自己"主要是想对女性而言的。如今参与到口述访谈中的女性越来越多，在很多单位和地方，女性，尤其是年轻女性，几乎成为从事口述史作业的

怎样做口述历史

主力。口述访谈既然是与人打交道的学问，我觉得，这些女性面临的特殊问题，也应该让学界和她们自己关注起来。而苏柏玉读到此稿之后，却从另一个角度，把这个问题补充、阐释得更为全面，她强调说，处于权力关系的弱势方，不仅仅有女性，还有作为助手的学生。

一些被访人，尤其是有头有脸的，面对教授时道貌岸然，面对学生却展开一副獠牙。这都是复杂人性的真实体现。由于每人对人性的理解都会有片面之处，这导致出现了几重困境：

1. 学生基于老师对此人的好印象，放下了天然防备，给对方以可乘之机。

2. 侵犯事件发生后，学生无法向老师求助，甚至于恐惧老师会基于自己对受访者的印象而对学生产生怀疑（这也是真实发生过的）。

所以我在此的感受是，当我们强调要对自己访谈者的身份有所认知时，更要格外留意自己在多重权力关系中的位置，由此来看清可能存在的风险。对于年轻人来说，这个不是很容易。这就使得老师需要负起更多的指导责任：不仅仅要教学生怎么跟人聊天，还要教学生怎么看清人、看清自己、看清彼此之间的权力位置关系。

我之前在给学生演讲时引用了社会学家戈夫曼的拟剧论，讲述人的表演性，一部分目的就在于提醒这点——人具有多面性，在某个情境中会戴上特定的面具表演，这种表演未必就是不真实的，它们是一个人的多重面向（一人千面）。这对于我们理解这个人的人生有帮助，也对我们认清对方把我们看成什么人、选择向我们展示哪个面、讲述什么故事有帮助，对我们留意可能的风险也有提示作用。

我赞成苏柏玉对人的表演性、一人千面的看法。事实上，我经常在相关演讲中，提到做口述访谈是年轻人增加阅历、学习做人的很好途径，这就不在谈伦理问题的篇章中说了。

做口述访谈，有时候一个女性访谈者（或者一个年轻人、一个学生）可能会单独面对一个受访者，因此有些细节是必须注意的。

怎样做口述历史

一是座位的选择。应尽量在能够听到的情况下，与受访者保持座位上的距离，最好是与他对面，或者侧对，尽量不要并排而坐。我听到过一件事，就是女学者为了表示友好热情，便与受访者在沙发上并排而坐，结果那位男性受访者讲得兴起，便与女学者越靠越近，几乎要把手搭到访谈者身上。访谈者当场慌神，不知道如何是好，竟然夺路而逃，导致不仅这场访谈被打断，后续也无法进行下去，这是一个很失败的例子。这样的情况提醒我们，尽管绝大多数受访者是正派的、尊重人的，但还是事先做好各种防备为好。

二是莫名的邀约。多年前，有一个我认识的老人，声称是清朝某著名大臣的后代，并且未提前与我打招呼，就对我的两个女研究生说，他家里藏有不少家谱和老年间保存下来的文物，他也知道太多祖先的故事，希望她们两人到他家里住上几天，他会细细地讲给她俩听。而我知道他是单身，在远郊一个小院独居，附近并无旁人。虽然我对他的为人并不了解，也相信他很可能就是出于好心，但仍然非常明确地告诉二人不准去。即使失去一个很好的做口述的机会，拿不到很有价值的资料，也必须放弃。我的原则就是，要将学问和功利放在安全之下，任何人，不论他的口述有多大价值，也并不是非做不可，保护自身安全、远离危险才是第一位的。

还有另一种情况，我也不时听到。那就是有些受访者在讲述自己的人生经历时，会特别爱谈自己的很可能是想象出来的恋爱经过。我在访谈时就见到过这样的人，第一次接触时，不知如何打断他的兴致，便任由他讲，结果整整一个下午，他都在兴致勃勃地讲述他那些我觉得其实是子虚乌有的爱情故事。以至于最后做文字稿时，我不得不将它们全部删掉。耐人寻味的是，他看到最后的文字稿中那些爱情故事均不见踪影，也绝口未提，我想是他事后也有悔意吧。

曾有一个年轻的女生，在我一个演讲之后心事重重地找到我，她说她参加了一个口述史项目，在做访谈时，那个受访人专门叮嘱她，说要她在某日单独去访他，他要和她专门"讨论"爱和爱情。我说这是坚决不能答应的，她非常担心，说这样肯定就把那人得罪了，怎么办？我说，不必为获取资料而讨好他，更不必怕得罪他，因为只有保护好自己，才是最重要的。

苏柏玉谈及此事时，有她的建议，我认为可以参考。

我认为可以加一个前提，就是不只自己需要建立风险意识，访谈前还需要努力建立一个支持网络（Support Network），以免真正遭遇危险时无处寻得援手。

当然，我不知道目前情况下，这种做法是否可能。

她有她的建议：

有意做口述的人不应贸然投身，应当事前对自己有一个业前评估，就是自己的身心状态是否可以应对可能的挑战，以及是否有支持网络来兜底。现在年轻人自身有情绪困扰的太多了，想不明白自己从业目的、懵懵懂懂的也太多了。我认为总要想想自己为什么做一件事，又能为一件事付出多少代价。如果付出超过了自己能给的，是否又可及时断臂？是否有人帮忙？很多人没想过这些，甚至于根本想不到与人接触存在风险，活在一种对文明的假想中。尤其是涉及对名人做口述的时候，年轻人会存在一种滤镜，怀抱着天真的向往和崇拜去跟人交往，这个风险又更大。

我认为可以加一个前提，就是不只是自己个人的准备，而是事前就需要努力建立这种网络（Support Network），不是出了事情后寻求帮助。

总之，作为弱势群体的成员，包括女性和年轻学生，无论作为访谈者，还是受访者，在从事这项作业时，都有可能受到性骚扰、安全威胁以及某种情绪困扰，除了要有安全意识并在事前做好身体和心理上的准备，必要时，也要及时寻求组织、师长、朋友、同事的帮助。

附件：

口述历史访谈合约（参考）

×× 、× ×（以下简称甲方）

× ×（以下简称乙方）

双方基于以下认知，进行"× ×访谈计划"。

一、乙方同意不行使访谈内容的著作财产权，并将该著作财产权让于甲方，作为出版访谈记录定稿之依据。

二、访谈完成后，乙方同意甲方将口述录音整理成文字记录并公开出版，此访谈记录属衍生著作，应以独立著作保护之，其著作权归属甲方。

三、乙方提供的照片史料愿意出借给甲方制成副本，并以出版物附图的形式公开。

四、乙方同意以实名公开出版。

五、未经对方同意，甲、乙方均不得单独公开、出借及出版发表。

六、本合约如有未尽事宜，由甲、乙方共同商定之。

立合约人

甲方：

乙方：

× 年 × 月 × 日

第八讲　用口述史料撰写历史

这一讲，讲的是如何将采集得来的口述资料撰写成书。

如何将个人记忆从口述访谈稿转化成可供利用的史料，并将其运用到学术研究之中，不致因无法有效运用而置于荒废甚至二次流失，是目前从事口述访谈的人面临的一个亟待解决的问题。

历史学家做口述史，如果访谈完成便到此为止，实在是非常可惜的，因为以此为入口，可以"进入"很多故事，这才是做口述史最有意义、最引人兴趣的地方。其实，这也是促使我投入口述史工作的真正动因。

如何从口述史料进入历史，或者用口述史学者游鉴明的话说，将口述置于历史的脉动里，①是口述史研究的第三个阶段。如果说采集口述史料（主要是现场访谈）是第一阶段，对口述史料的鉴别整理是第二阶段，那么这个第三阶段，即使在口述史学界，也还没有多少人提到，更少有人尝试。而我认为，只有到这一阶段，史学的特点才得以凸显，才是与人类学家、社会学家真正分道扬镳的阶段。

历史学家做口述历史，本来就不仅仅是为口述而做的。我曾经在某些公开场合说过，我希望学者不要将口述史当作一个专门的学科，而应该当作是一种研究方式，说的就是这个意思。我看到有学者提出，不要将口述史独立于史学研究之外，这就比我的说法更准确了。

历史学家做口述，从一开始的选题，就应该有自己的宗旨、主题，其后无论现场访谈还是访谈后的考证、注释和整理，都应该是沿着研究者的思路和设计走的，也应该是由研究者而不是受访者来把控全局。当然，好的研究者在这条预先设计的道路上，会不断有意外的发现。他会在路边看到太多事前未曾预料的风景，或鲜艳美丽、宏伟壮观，或荆棘丛

① 游鉴明：《她们的声音：从近代中国女性的历史记忆谈起》，四川人民出版社2020年版，第16页。

生、暗礁遍地，这一切复杂而丰富，既会让他惊喜，也会让他恐惧。然后，也许他会在这条道路上披荆斩棘，走入一片新天地；也许他会发现路边有一条岔路，路那边的风景更有吸引力，也便于他更好地发挥，于是改弦易辙；当然，也许他会发现此路不通，只能原路返回。但可以肯定的是，踏上这条路之后，他的遭际无论如何，在学术研究中都属正常，都是他的重大收获。这与做其他任何史学研究的过程、感受都是一样的。

当然这也有一个前提，那就是好的口述史学者都需要有学科训练，也就是"门槛"。没有专业的基础，也提不出专业的问题，当然也不可能踏上这样一条道路，这不在本书讨论的范围之内。

这一讲，讲我尝试用口述史来撰写史学论文的几例。

一、从一个人的口述发现一个人群

做口述史最吸引我的，就是可以通过一个人，发现他身后的一群人。这群人可能被文献记载过，更有可能没有。当你拿着文献记载去寻找这个人的时候，才发现他可能不在你预先知道的某个人群之中。我为佘幼芝做的访谈就是如此。

佘幼芝女士"守墓十七代"的故事，是我用史学考据的方式来分析一个口述访谈实录的最初尝试。

首先必须把这件事的背景简单交代一下。

袁崇焕（1584—1630），广西藤县籍，东莞人。明朝万历己未年进士，曾坚守危在旦夕的宁远孤城（今辽宁兴城），一战击退身经百战、战无不胜的后金可汗努尔哈赤。努尔哈赤既死，太宗皇太极继位，袁崇焕采取以和为守、以守为攻、乘机出战、以和谈为配合的方针，遭明廷指摘为"欺君""诱敌胁和"等罪名。1629年（崇祯二年）皇太极率后金兵入关，直逼北京，袁崇焕率兵千里赴援，崇祯帝却听信谗言，以谋叛罪将其下狱磔死，家人流徙三千里，并抄没家产。

佘女士的故事便从这里开始：

> 佘：我的先祖是袁大将军的一个谋士。我小时候老听我大伯说"谋士""谋士"，我以为是磨刀的石头，我想我先祖怎么是石头呢（笑）。后来我妈给我写出来，

我才知道是"谋士"，所以对这事印象特别的深……袁大将军是广东东莞人，我们既是同乡又是上下级的关系。

（崇祯皇帝将袁崇焕杀害之后）我先祖冒着满门抄斩的危险，趁天黑的时候，把袁大将军的头从菜市口的旗杆子上盗下来，就偷偷地埋在我们的后院里。

自从我先祖把头盗了以后，就隐姓埋名，辞官不做，告老还乡，当老百姓了。临终时把我们家人都叫到一起，就跟我们家里人说，我死以后把我埋在袁大将军的旁边，我们家辈辈守墓，我们一辈传一辈，不许回去南方，从此以后再也不许做官，所以我们遵守先祖的遗志和遗愿，一直守在这儿。到我这代已经是第十七代了。从1630年8月16号是袁崇焕的忌日，到现在是371年。

听老家儿（北京话，指父母）传，因为我们是广东人，凡是住在北京的广东人死了以后就埋在我们这儿来，就把我们后院辟成广东义园。那时没有碑，都是坟头，你也不知道哪个是袁崇焕的。那时墙高着呢，人家就知道我们是看坟的，看广东义园的。

……那就一直到乾隆皇帝当政以后……

第八讲　用口述史料撰写历史

这个"守墓十七代"的故事，在北京城里一度家喻户晓。而随着佘女士的声名鹊起，各种质疑、反对的声浪也开始出现并且越来越高，这些质疑说到底，就是一句话："守墓十七代"是真的还是假的？还有第二句话：如果是假的，这个口述还有任何意义吗？

我深知在佘女士对守墓经过的讲述中，的确存在大量漏洞。而我为佘女士做第一次访谈时，是把历史上的袁崇焕、为他守墓的佘义士等，都作为一个大背景。我当时的关注点，其实是佘女士本人，是她作为北京人，尤其是北京南城的汉人，她和她家人的生活状态。其余我只将它看作是一个故事，一个传说。

本来，作为口述史的口述访谈，而不是讲求时效的新闻报道，很少是一次可以做好的，所以才有深入访谈之说。但由于我怀疑守墓一事的真伪，因此一度曾想放弃。这是我在第一次访谈之后，将此事搁置了一年半之久的一个重要原因。而决定再访，是因为其间又看到诸多相关资料，心中产生诸多疑问，决定对于相关问题，无论真假，最好还是一探究竟。

第二次访谈，我关心的问题之一，是佘家既然号称从此一不考功名，二不做官，那他们守坟的生活来源是什么。

首先，袁崇焕祠与墓，都位于旧广东义园，旧日被称为"佘家营"。而佘女士家族几百年来一直没有离开过此地。所以我做的第一步，是观察当时的地图（我选择了两张地图，时间分别是1928年（民国十七年）《京都市内外城详细地图》和1947年（民国三十六年）《北京市地图》），得知这20年间，在这一带分布最多的，主要是庙宇、义园、义地，还有所谓的育婴堂和牺流所。而这些庙宇，主要的用处是停灵。

义园，指的是旧时埋葬无名人士的义冢，广东义园就是埋葬在京的广东人的坟场。佘女士并没避讳这点，她说坟场就在他们家的后院：

> 那时没有碑，都是坟头……人家就知道我们是看坟的，看广东义园的。
>
> 我们是广东人，凡是住在北京的广东人死了以后就埋在我们这儿来，就把我们后院辟成广东义园。你也不知道哪个是袁崇焕的。那时墙高着呢。

也就是说，广东义园就是这众多义园中的一个。

第八讲 用口述史料撰写历史

如此之多的形形色色的"义园"，都是以被收葬者的原乡为单位并且命名的。或者说，虽然客死京城，也要埋葬在自己家乡建立的"义园"中，这是从清末到民国的北京（北平）一个很特别的现象。按照中国传统习俗，人死之后要实行土葬，所以北京城市周遭，就出现了成片的坟地。有关坟地与坟户，我在《老北京人的口述历史》一书的诸多口述中都有涉及，但都是以北京城的居民为主，对于那些流寓京城最终未能返乡，而将遗骨葬在京师的，包括为他们提供安葬之所的义园以及守护义园的人们，却是被我忽略的众多题目之一。

　　义园与会馆主要都在城南，是当年外乡人来京后主要的集中地，是他们生活中缺一不可的组成部分。如今对北京城南会馆的研究连篇累牍，但对义园的研究却屈指可数。唯李二苓有《明清北京义地分布的变迁》一篇，是不可多得的填补空白之作。该文从明代义园的分布说起，提到1720年（康熙五十九年）曾禁城内丛葬，再到乾隆后这一禁令的逐渐宽松，然后详细讲述了光绪年间及以后，私立的义地几乎填满外城低洼易涝荒地的情况，而佘女士祖上守护的广东义园，便恰在她所述的这种外城低洼易涝荒地之上。从有清一代到新中国成立之间，南城（亦即外城）适宜居住、商业繁

怎样做口述历史

华之地是会馆集中处，而易涝的沙地和城墙根，尤其是广渠门内，也被称为"沙窝门"，就是因为遍布"沙窝子"[①] 所致，广布义地和义园。[②]

所谓广东义园，其实是两个。位于今东城区东花市斜街50、52号的佘家馆，也就是我初次探访佘女士之处，称为旧义园，也是袁督师墓之所在。在旧义园之南，亦即今龙潭湖公园内的，则称新义园。佘女士对此是这样说的：

> 那时候我们这儿是老义园，龙潭湖那儿是新义园。都是埋广东人。我们旧园都埋满了嘛，就再请个姓刘的看着那个园。

广东义园在这一带占据的地方似乎不小，据当年我在这一带访问过的居民称：

---

① 一说：北京民间所说"沙窝"，指的是埋死人的坑。旧时广渠门外有很多寺庙，经常作为停灵之处，尤其是客死他乡的外省之人。寺庙周围除了菜地，便是坟地。由于无人管理，所以很多从事丧葬服务的人会来提前"占地儿"，在选好的地方预先挖一些"半坑"，等有人往这儿埋的时候再将这些坑深挖至符合埋葬灵柩的标准。这些半坑俗称"沙窝子"。由于广渠门外这种沙窝子很多，便因此得名"沙窝门"。

② 李二苓：《明清北京义地分布的变迁》，载于《城市史研究》，2011年。

这不是护城河嘛，这是外潘家窑，就是现在北京肿瘤医院那儿。里潘家窑就是现在的龙潭湖，你知道吗？龙潭湖叫里潘家窑。这外潘家窑呢，不是一个苇坑，是仨。是这么一形儿，这儿有一块儿，这儿有一块儿，这么三块儿，三块儿养鸭子。养鸭子北京5家。[①]

......

都是最大的（养鸭子的）。然后第四，里潘家窑，里潘家窑到今儿是谁，我不知道，打听不着了。我估计啊，原来袁崇焕的墓在那儿，袁督师庙，龙潭湖那儿原来是广东义地，所以我觉得啊，原来这块儿的产业，应该是归他们广东人。原来是义地嘛，他们广东人不能回乡的都埋在这儿。是广东人，不会是咱北京的，等于说（跟我们）也不是朋友，也不是亲戚，没关系。[②]

[①]《北平市工商业概况》"鸡鸭业"，北平市社会局印行，1932年（民国廿一年）版，第309页。"北平市养鸭之户、皆属沿河居民。以沿护城河所养之鸭为最佳。海淀一带次之。乡间所产者，骨大体瘦，品质最劣。当清咸丰年间，鸭户约有300余家，嗣后逐年减少，现约有140余家，大半分布于崇文门外。原有行会，今改为鸭业同业公会。"

[②]《从架松到劲松——白四口述》，载于定宜庄《城墙之外：老北京人的口述历史》，北京出版社2017年版。

从这段话透露出两点：第一点，广东义园在这一片占地相当大；第二点，他们与当地的北京人并无来往。至于他们是否也曾养过鸭子，详情不得而知。

这成片的水涝沙地和上面破落的荒冢圮屋，在1949年以后便成为北京城市改建中不可忽略的部分。这当然也波及广东义园。

义园的管理员，就是当时的守坟人——佘女士的伯父。佘女士与她伯父一家虽然看起来关系不是太好，但访谈每到重要节点，还是必定要提起的。

一是有关为袁崇焕守墓的故事，佘女士也是从他口中得知的。

一是每次为袁崇焕举行祭典，也是由这位伯父带头。"那时候我伯父还在呢，到清明那天带全家祭祀去。""由伯父烧上香，由他主祭，伙计点上香，大爷接过来插到香炉里，然后就磕头……"

尤其是关于迁坟事宜："1952年毛主席说要把坟都迁到城外去，我伯父那时还在呢，他就特别着急，就立马儿呀找他们这些人，我们都是广东人哪，我伯父跟他们都是老世交似的。"

1955年要在这里建学校，也是由教育局和人民政府跟他谈，最后也是经由他的同意。

这个人物尽管隐而不宣，实际上家里的事情都是由他做主，在诸多问题上起到的作用都很关键。他与在京广东人，尤其是上层人士都存在广泛联系。尤为有趣的是，佘女士还不经意地提起，她父亲和伯父都过继给了旗人。这意味着，这位伯父是作为旗人与广东人的双重身份活跃于在京广东人中间的。

这里要插一句的是，佘女士这段访谈充分表现了口述史的意义，它能够把想象与真实生活之间的差异，在看似无意的闲谈之中呈现出来。

在我与苏柏玉一起去广渠门一带踏勘的时候，她提醒我阅读一部小说——张恨水的《春明外史》。在这部张恨水写于1924年的长达90万字的章回体小说中，对北京南城那些外乡人的习俗和守坟人，有充实和生动的表现，其中写主角杨杏园道：

进得屋子来，长班跟着进来泡茶，顺手递了一封信给他。他拆开来一看，是同乡会的知单，上写着"明日为清明佳节，凡我旅京乡人，例应往永定门外皖中义地，祭扫同乡前辈，事关义举，即恳台驾于上午八时前，驾临会馆，以便齐集前往为盼！皖中旅京同乡会启。"杨杏园想道："同是天涯沦落人，一生一死，也值得祭扫一番，我明天就抽出一天的工夫，往城外走一回罢。"

……

杨杏园见草地上摆着一副冷三牲，三杯酒，三杯茶，前面摆着一大堆纸钱。还有许多纸剪的招魂标，分插在各坟顶上。杨杏园对黄别山道："这完全是我们南方的规矩。看见这些东西，好教人想起故园风景……"

说的是"皖中"，其实可以类推，理解为广东等地也未尝不可。

在描述这些人前往义园扫墓的同时，对"管理员"也就是守坟人做了一番描写，这里就不引述了，但可以联想到守坟人的样子，也能想象得到，他们与会馆里那些士人必有广泛的交情。

袁崇焕的故事，就是从广东义园的守坟人引申出来的，

241

篇幅有限，就不一一细说了。举这个例子，只是通过佘幼芝口述，发现北京城，主要是南城，还有这样一个守坟人的群体，虽然人数不会很多，却与南城的外乡人生活紧密相关，这在相当程度上丰富了我们对旧日京城，尤其是研究者很少注意到的广渠门一带的认识。

这样的例子，在口述中比比皆是。譬如前面多次提到的常人春、常寿春兄弟，他们谈到祖父在清亡之后身处的社会圈子和崇信的理教，让我们发现了原来未曾关注甚至也没认识到的一个社会阶层。这个阶层的人既不属于皇室贵族，也并非下层的穷苦旗丁，他们曾在政局的大改组、大变迁中，得到了施展身手、飞黄腾达的机会，然后又在时代大潮落下之后急剧衰退，他们的价值观念、婚姻圈和社会交往圈乃至日常的生活起居，都是我以往茫然不知的。由于在庞大的存世文献中很难找到如此细致入微地描写这一层次的旗人群体生活的资料，通过口述而获得的这一案例就显得殊为可贵，对于丰富当时那段社会和历史的理解很有意义。[1]

---

① 参见苏柏玉《将文献与口述结合——"考据派"口述史的方法及意义》。

二、集体记忆①中的不同群体

早在1996年，当我计划以满族妇女为题进行口述采访时，胡鸿保师兄便说过这样一段话：

> 胡：我以为你的历史学研究可以说已经有了一种所谓的"人类学转向"，就是"从（历史学）传统上关注特定政治权力人物的思想和行动的政治史，转而关心那些不具赫赫事功之人的态度与信仰"②；在方法上则称得上带有"众人传记"（Prosopography，亦译作"集体传记"）的色彩，也就是"通过对历史中一群人的生活的

---

① 莫里斯·哈布瓦赫在《论集体记忆》一书的第二章，专门讲述了集体记忆与历史记忆的区别。他认为历史关注的是变化，革命与终结，建立与新生，历史书写的读者群是整个国家乃至全人类；而集体记忆紧紧依附着产生它的那个群体并仅对其负责，因此它关注相似性而非不同性，关注日常生活中的积累与演变而非历史性的改朝换代。

② 辛西亚·海伊：《何谓历史社会学》，载于《解释过去、了解现在——历史社会学》，商务印书馆1999年版，第24—29页、第36页。

集体研究，对其共同的背景特征进行探索"①，这种方法的特色在于它关注的是人物群体而不是人物个人。②

唐纳德·里奇说："社会学家在一个世纪前开始讨论集体记忆，但直到20世纪70年代，当他们开始更加关注通俗和民间文化如何构建过去时，这个词在历史学家中才开始流行起来。集体记忆成为一个涵盖民间历史、通俗历史甚至神话的无所不包的范畴。它包含了同一群体中的个体记忆的共同故事。"③这很符合我想表达的意思。

对于这样的集体记忆到底属于史学还是人类学，其实没必要深究；但是通过对历史中一群人的生活的集体研究，对其共同的背景特征进行探索，的确是口述史研究方法给予我的启示。胡师兄所谓的"特色在于它关注的是人物群体而不是人物个人"也可以反过来说，就是，我是在关注人物个人

----

① 刘兵：《克丽奥眼中的历史——科学编史学初论》，第2章"历史的辉格解释与科学史"，山东教育出版社1996年版，第166—168页。

② 胡鸿保、定宜庄：《读史与行路：满族研究新体验——和定宜庄博士对话，载于《黑龙江民族丛刊》1999年第3期，第47—51页。

③ 唐纳德·里奇：《大家来做口述历史》，邱霞译，当代中国出版社2019年版，第28页。

的基础之上，来关注一个人物群体的。

京城自清以来的历史特点和因此形成的分布格局，导致居住于不同地域的不同民族、不同身份的人群，有着各自相异的鲜明特征，尤其是对同一地区、同一事件，往往有着截然不同的记忆。

试举几例：

1. 旗人对庚子事变的记忆

我起意做口述史，就是从祁淑红女士开始的，前面提到过，她的女婿印红标在一次聊天时对我说，他这位岳母总是说起庚子年八国联军入北京的事，说那时候旗人一家一家地"殉"，他问我这个"殉"是什么意思，于是我俩便骑自行车去他岳母家，听她讲了她那个旗人家庭数十年的往事，我由此完成了我的第一篇口述访谈，也就是《最后的记忆——十六名旗人妇女口述》的第一个故事。

祁女士是一位普通的家庭妇女，她的父亲当年是一名普通的八旗"步营"，她的家庭就是一个普通的旗人家庭。她给我详述了她父亲当年的"殉"，这是她一生中最深刻的记忆之一：

第八讲　用口述史料撰写历史

我父亲那年十五了，就比我妈记得清楚点儿。那时我大爷、二大爷他们都工作了，就都没回家，那时一家一家都"殉"，就是自个儿给自个儿烧死。我奶奶就说，他们不回来，可能让外国（人）给杀了，你看这家子也点火了，那家子也冒烟了，都"殉"死了，咱们也死了干脆。她用箱子什么都把屋门挡上了，就要"殉"死了。我父亲本来就有病，也不知是伤寒还是什么，抽风，也没人有心思管他，大孩子都没了，他死就死吧。那会儿都住的大炕，他从炕上抽风抽到炕外头，耷拉着腿，我奶奶就把他又揪到炕上，又那么抽，就那样也不管，家家都不活着了，都要点火了，我父亲才十五。他就说："奶奶①别'殉'死，我不死我不死，烧死多难受，咱们等我哥哥回来吧……"正央告的工夫，我二大爷回来了，打着一个日本旗子，那会儿说不让过人，你必须得到谁的地方打谁的旗子才能放过你，他就打着日本旗子过来了，就叫门，都说你二大爷要不回来咱们就烧死了。我们就当故事讲。

---

① 旗人将母亲称为"奶奶"。

怎样做口述历史

查阅史料可知，八国联军攻占北京后，将京城分成不同的占领区，东四以北由日军占领，东四南大街以东由俄军占领，以西由意大利军队占领。皇城东北由德军占领，皇城东部由日军占领，皇城东南由英军占领，崇内大街以西东长安街以南由德军占领。西城由美军、法军、英军、意军占领，外城由英军、美军、德军占领，实行军事统治，所以才有"到谁的地方打谁的旗子才能放过你"之说。祁女士说他们原先的住址是在北池子，即东城区的南起东华门大街北至五四大街的北池子大街，正处于皇城东部，是由日军占领之处，与其二大爷"打着日本旗子过来了"的说法恰恰相合。

另一位同样是普通旗人的后人，也讲述了同样的故事。

李清莲口述：

就知道我姥爷说，八国联军一进北京，这皇粮就完了。八国联军进北京啊，那时候，我妈说哎哟可害怕了。我问："八国联军进北京您跑哪儿去了？""全跑啊，西太后她不是也跑了嘛。逮着你这长辫子不给你宰喽？"也没粮食吃，面铺全关了。我姥爷说要是先跑到东单再跑到东总布你回不来，就打前门绕道，好家伙把衣裳也脱了，帽子也摘了，脑袋也包起来了，拿着哪儿的一条裤子，把外头的衣服换下来，穿上这裤子，夹着衣服跑出来。我妈那时候就说："你说真是的，这满族，你看要不是满族呢，也不至于追得这样。"就说我姥爷回来呀，靴子都夹起来了，穿着布袜子跑回来的。

定：八国联军专拣着满族打啊？

李：他们反对的就是清朝哇。那时候八国联军不就是到中国侵略嘛，甭管你是谁，谁当朝也不行啊，不是大清，你就换了民国，它不是也不行嘛。

定：后来怎么了？

李：后来这不就完了嘛，还有什么呀，就完了，就在家，自己干事。

定：那你干什么呀？

李：就是做小买卖。

李女士的记忆有误，因为她并没有亲历过这场灾难，只是听老人的讲述。事实上，八国联军攻占北京的确给京城带来巨大灾难，但废除八旗制度并停发北京旗人的兵饷，是在1924年冯玉祥"北京政变"逼溥仪出宫之后。但这也足见这场灾难在旗人家庭中的记忆之深。

罗进德先生[①]是著名翻译家，曾常年在联合国任职。他将父亲罗信耀在20世纪三四十年代的作品《小吴历险记》译成中文并以"旗人风华"为名在北京出版集团的文津出版社出版。我曾与该出版社司徒女士去访他几次，虽然我们双方都有做一个详细口述访谈的意愿，却被突然袭来的疫情打断，原本打算疫情消停些再去看他，却接到他故去的消息。最后一次访他，是我在疫情暴发前所做的最后一个访谈。

这个访谈留下三万多字，其中一段便讲到这场"庚子之变"：

> 这本书（指《旗人风华》）从什么时间开始？是从1900年开始……这个事情是从1900年，光绪的二十六年，这光绪二十六年在旗人的记忆里是非常深的。北京人说那一年，都说是二十六年，没有光绪，二十六年。那年什么？闹义和团。招八国联军。

---

① 罗进德，满族，正白旗，萨克达氏。1934年生于北京，1956年毕业于北京外国语大学俄语学院。曾任大学外语教师、出版社编辑、联合国职员。享受政府特殊津贴。获中国翻译协会"资深翻译家"称号。

第八讲　用口述史料撰写历史

定：北京人提起这一年简直是刻骨铭心。我做北京人口述，第一篇采访讲的第一个故事就是那年的全家自焚。

罗：自焚哪，有的是。北京有一句俗话，看见一个人慌慌张张赶路，就说嘿，忙什么哪？您当是二十六年抢当铺哪？抢商店。当铺东西多。这是北京旗人刻骨铭心的二十六年。所以这本书呢，以二十六年开始。二十六年初，倒数第几回啊，就是这家的老爷子，吴老爷子，重阳节九九登高，上陶然亭……看见了醉郭之墓，他一看醉郭之墓，就把二十六年的事儿全想起来了。然后吴老爷子就说……

定：这段您加的？

罗：我加的。想起了二十六年不堪回首的事情，悲从心来，就说了一句话，怨不得旗人都说，大清不亡实无天理。这大清不亡是无天理啊，是我亲耳听见我母亲说的。我母亲有点文化，在家里头，老太太蹲在炕沿儿上，抽着烟袋："大清不亡实无天理啊。"您听说过这句话吗？

定：我听说过。

怎样做口述历史

后面讲醉郭。醉郭是民国时期京城著名的醉鬼，经常在街头借酒痛骂当时统治的黑暗，他死后的墓碑是由林纾题字，也因此得名。由于篇幅太长也与本文无关，就不引了。

还有毓旗，是老北京人口述中最年轻的受访人，当时只有40多岁，提到的是他爷爷对这一年的记忆：

到庚子年，我们从来不讲义和团运动，就用庚子年，叫庚子拳乱。我爷爷一吃面条就跟我们说这个："吃面吃面不搁醋，炮打西什库；吃面吃面不搁卤，火烧英国府。"就是那时候流行的俗语，开玩笑，满人特爱说一些俏皮话。……那时候就乱。

还有一些，例如常寿春、傅耕野、印嘉佑等，就不一一列举了。对于这些老北京旗人后裔来说，这就是北京城曾经发生过的一个很严重的事情。

要特别强调的是，所有这些人谈起这一年，都不是我提起的话头。坦率地说，我当时也根本没有要了解这个事件的意识，我是访问了相当多的人之后，才意识到这个事件在老北京人的记忆中有多么深刻。

我说"北京人"的时候，还没有再进一步，而是后来才发现，谈及这一事件的，有而且唯有旗人，北京旗人。这真的是一个太典型的集体记忆了。因为我做了数十例南城汉人的访谈，却无一人谈及此事。也许我找到的样本还不够多，不足以用数据说话，但这些老旗人对这个事件的记忆之普遍、之深刻、之生动，已经足以构成对北京城市描写的一段不可或缺的内容。

2. 京城里的买卖

这段也非常有趣，讲的是不同的两个群体，对同一个地方的不同记忆。这个地方就是前门大街外的几个胡同，称廊房头条、二条、三条等，是自明以来北京商业最繁华的地区。

前面提到的对俗事比对佛事更关心的圣安师，是这样讲述廊房这几条胡同的：

> 还有一个金店刘家，专卖黄金，在廊房头条西口，一出大栅栏北边那儿，有一个天宝金店，国际上都有人家的号。咱们现在那些黄金不是正色，人家都不认。还有彭彩家，专应宫里头的红白事，那个杉篙，搭架子的东西就多了，还有办喜事的桌子板凳，在地安门鼓楼后

头，"三反""五反"的时候给人家挤兑了。他家现在还有后人。北京市第五建筑公司没有人家的根儿成立不起来。

最后是同仁堂乐家。对着大栅栏东边拉那鲜鱼口，进了鲜鱼口，叫廊房头条，顺着廊房头条一直到七条，那几条胡同，马路由东到西，那全是同仁堂的。那时候叫上天下二十四省去采药，采药的都是同仁堂雇的，现在的话叫长期工，上西藏采药的，上东北的，都住到那儿。

这里说的同仁堂当然有夸大之词，也是当年京城百姓心目中对这个著名药铺的印象了，且不必管它。

再说回族的满恒亮先生的口述：

那个时候前门区是繁华地带，五牌楼、大栅栏，这都是最繁华的。廊房头条是金店、珠宝店。廊房二条是古玩铺，卖古玩玉器的。提到这儿了，一到夜里头12点钟，那时候我从王府井那儿回家，走到廊房头条那儿，就闻到一种炼钢炼铁的味儿，就是炼金呢，这金子

第八讲　用口述史料撰写历史

炼出来就打各种的首饰，廊房头条就是打金镯子，金坠子，各种的金货，对象都是高级人物，尤其是卖外国人。一般老百姓买不起。廊房二条卖古玩玉器，有一个最有名的，姓铁，他的外号叫铁百万，做首饰的。是什么地方人呢，京东大厂。

定：大厂？也是回族啊？

满：回族啊，我给您介绍的这些个都是回族啊。

定：金店也是回民开的？

满：金店有一个姓常的，有一个姓李的，姓李的叫李什么元，还有一个姓常的，这两个金店都是大老板，有名的，都是回民，都到羊肉胡同礼拜寺去做礼拜。这儿靠金店古玩呢，不是来源充足嘛，那收入丰满，牛街都比不了，一个地方靠山吃山，靠水吃水，牛街那地方就靠做小买卖的，就卖饮食的什么的。京东大厂铁家开的这古玩玉器铺叫德源兴，不单买卖大，您听我讲，外国人都称他翡翠大王，美国有个石油大王，中国有个翡翠大王，他哪儿来源？他收的各地方的翡翠，特别精致特别好，所以有名。廊房二条铁家，铁百万，外国人都知道啊。

满先生提到廊房二条的那个翡翠大王铁宝亭，我觉得他说得神乎其神，所以一直半信半疑。访谈过后，我向很多人打听过，包括上述的圣安师，还有据说凡是北京老生意人没有他不认识的刘楫，却全都不知道，最终在《宣南鸿雪图志》一书的绪篇中找到了，即叶祖孚的《德源兴与铁宝亭》。

叶文说，所谓的铁百万，真名叫铁宝亭，这是满老先生没提到的，叶文从铁宝亭鉴别缅甸玉石从而发家讲起，详述他如何靠鉴定珠宝玉石等方式并从中谋取厚利。北洋军阀孙殿英盗掘清慈禧太后的坟墓所获的珠宝，拿到前门的珠宝店出售时，珠宝商人也都请铁宝亭来鉴定。很多外国珠宝商人都从他那里搜罗珠宝送回国，官僚富商的太太也愿到那里去买进首饰，宋美龄、顾维钧夫人、张学良夫人于凤至等都从他那里买过首饰。

叶文极详，唯不提铁宝亭的回民身份，更不提他是京东大厂回民。但从他将宝物交予马步芳等事看，其回民身份显而易见，只是如果没有这根弦儿，旁人根本不会注意罢了。

叶文还说，1948年春，铁宝亭应西北军阀马鸿逵的要求，献出玉石图章一颗，作为祝贺蒋介石竞选总统成功、供精刻

第八讲　用口述史料撰写历史

玉玺之用。

铁宝亭在1949年夏辗转赴台，在南迁途中轮船遇险，丢失了最贵重的宝物，后来的下落，就不知道了。这段兴衰经历让人感叹唏嘘，而我最感叹的，是如今即使说到廊房二条当年的盛况，铁家的故事也快湮没其间了。

满恒亮先生讲述的前门外大街商铺的情况，与上述圣安师以及商人之后刘汝舟等的回忆互不相干，完全不同。而我查百度，在廊房二条下列举了若干旧日廊房胡同著名店铺的名字，也没有这个德源兴珠宝店。这提醒我，回民在京城，有着自成系统、自成小社会的特点。这也进而让我注意到，不仅是回民，事实上不同的社会阶层、不同的族群甚至不同的行当，在京城都各有自己的社会圈、婚姻圈，圈与圈之间虽然毗邻而居，却生活在完全不同的、互不相干也互不相扰的两个社会空间之中。这是城市与村落迥异的特点，也是城市的丰富魅力所在。

3. 失败者的记忆

这里所说的"失败者"，指的是历史上传统王朝的各种战争或王朝更替等争斗中失败的那一方。所谓"历史都是胜利者写的"，所以传统的历史叙述中听不到他们的声音。

以"那清绪的信和访谈"为例。

1993年8月，我与中央民族大学的赵志忠老师一同去辽宁省清原满族自治县进行民族调查，这可以算作是我做田野的最初几个案例之一。

在清原期间，我从该县民族酒厂厂长荣长发先生处得知，这里有个三家子村，村民自称是明末女真辉发那拉氏的部落长拜音达里的后裔，但如今仍能说清祖先来历的，只有一名年近八旬的老人，名那清绪。老人从小学教师位上退休后并未回到清原，而是独自住在抚顺市工人养老院。出于行程安排与经费等原因，我未能赴抚顺与她会晤。但我回京不久，便收到老人言辞恳切的信函，详述了她家祖辈相传的与正史迥异的家史。翌年三月，老人到北京探望侄儿，我又专程赴其侄儿府上，终于得以与她面晤长谈。

拜音达里是明朝时期分布于明朝边墙外的女真人诸部之一——辉发部的族长。在官修和私撰的汉文文献中，都将这些女真人分为两大类，即建州和海西，另将位于黑龙江中下游北部的部分卫所及至外兴安岭一带边远地区的女真人，称作野人女真。海西女真中最强盛的有四部，史称扈伦四部。辉发部是四部之一，部落主姓那拉氏，因居住于辉发山一带（今吉林省辉南县境内），故以山为名，最后一位部长名拜音达里。

努尔哈赤崛起并统一建州女真诸部之后，发起了对海西女真四部的兼并战争，海西四部进行了顽强的抵抗，但终被努尔哈赤逐一击破，这是一个长达数十年的惨烈过程。四部中，辉发部继哈达部之后第二个被灭，据《满文老档》记，丁未年（1607年，明万历三十五年）九月十四日，（努尔哈赤）围攻辉发城，克之，即俘其城主拜音达里贝勒父子诛之。至此，呼尔奇山世代相传之辉发国乃灭。

史书如此记，老师也如此教，多年来似乎并无异议。但那清绪女士在给我的信中却提出了异议：

《东华录》中，有关辉发部落灭亡，拜音达里（最后一位贝勒）父子被杀的结论和我们辉发那拉氏家史所传存在着严重的分歧。我们不敢以事过境迁对既定的国史妄加非议；然而我们累世家传则是：拜音达里先人是弃城出走，归隐山丘的。十有余世的家世传统，三百年间的隐逸生涯，这是无可否认的客观存在。因此，我们首先要从家世祖传并参照多方面的考证来说明问题；其次分析国史与家史之间的矛盾；再次，申辩清原满族自治县志否决辉发那拉氏为该县原始满族住户的理由。[①]

她说当四部（即海西女真四部）：

四部的大势已去，而满洲日益强盛，不断向外扩张。当此关键时刻，我们先人拜音达里经过深思熟虑：一不忍以部落生灵作牺牲，孤注一掷而有所冀悻；二又不肯屈膝投降，苟取荣华，万全之策只有抛弃本家的地位、权势，"引退出走"，让部落与有德者居之，既免百姓刀兵之祸，又全子孙平安之福。于是于丁未年九月毅然出走，归隐山丘（1608年，明万历三十六年）。

出走后，拜音达里先人为了子孙们不蹈覆辙，曾立即作出"家训"告诫子孙后代，大意是："凡我辉发那拉氏子孙，不许接受努尔哈赤势力的任何招抚和利诱，不许在他的天下求名、求官；不许再入部落纷争地域妄图割据。生存上以农牧为本，自食其力，忠厚传家，永世

---

① 那清绪女士给我的信，可参见我的口述史专著《最后的记忆——十六名旗人妇女的口述历史》一书中《那清绪女士的三封信》，第234—257页，下同。

无替。"同时规定每年的除夕之夜，召集全家老幼，坐于祖先堂前，由族长宣教家训，并反复解释、渗透，达到熟知家世来历，掌握家训宗旨而后已。

……

具体安排是在结束短时间的游牧生活后，首先选定了浑河上游的一处山林，安居后，称为上河什木村（现在北三家迤东双河村）。落户之初除稼穑外即以从事采参采药、打猎等为生，嗣后传四代，到清乾隆二十年浑河上游曾暴发了一次山洪，先人们所经营的田园庐墓一概付之巨流，这次水灾的突然洗劫，致使前辈们所创建的一切家产特别是宗谱以及先人遗骨、旧时遗物荡然无存。……于是于1757年（乾隆二十二年）移居原地迤西八华里北山前重建家园。当年的陶赵两家也共同迁居一处，我们三姓之家，守望相助，相依为邻……彼时我们这三姓之家便成为这片原始山林的占山户了。不久，外地乡民多数来此傲居，当地旗营部门以那、陶、赵三家为原始住户，因而定名为"北三家村"，直到目前（现属辽宁省清原满族自治县北三家乡政府所在地）。

怎样做口述历史

两段内容，前半段讲拜音达里出走原因及经过，后半段讲拜音达里后裔在清原的定居发展。

这是一个完全不同于史书记载的故事，如果细究起来，清朝那些正史中对辉发部败亡的记载，确实存在诸多疑点。首先，在清代官方文献对海西四部的记载中，有关辉发部的记载的确最少，尤其是对辉发部灭亡的过程，记载简略到只轻轻一笔带过，很难给人以经过恶战的印象，它提醒我们，未必就没有另一种可能性存在。此后，我又曾两次亲赴呼尔奇山亦即辉发山实地考察，发现该城的坚固险要，令人叹为观止，即使真如清朝官方史书所说是"内失民心外失信义"，对这样坚固的城池，也未必就能轻取。再看考古发掘报告，可知该城虽然确实毁于明末的战争，但辉发城并没有发现过战火的痕迹，说明在明末清初的时候，这里并没有发生残酷的战争。[①]

几方面的线索都指向一处，那就是很可能拜音达里确实没有与后金在辉发城发生血战，而是弃城出走了。这其实还可以分析出两种可能：一个是拜音达里只带了部分人出走，

----

① 吉林省考古所，隽成军:《考古学视角下的叶赫部城址发现与思考》，2017 年 7 月 2 日，在吉林师范大学的报告。

在努尔哈赤攻取辉发部的时候，这个城中还有人在负隅顽抗，但仍未守住；另一个可能就是拜音达里走后，这个城池便随之荒弃，努尔哈赤得以不战而屈人之兵。

无论是否能够找到更多线索，也无论清史是否需要修正和改写，这都是一个引人入胜的叙事。事实上，对任何历史事件的书写，本来都应该是不止一种结论、一个声音。

这是一个典型的在历史中的失败者的案例。

那女士对那段历史的讲述，从多角度、多层次给予了我启发。但最令人深思的是她最后说的话，她特别提到了"气节"："辉发那拉氏子孙为其祖宗负责与东华录争议事属'气节'问题。"她说："战败国的'气节'所在，原为战胜国之大忌！"

这确实指出了修史的一个要害所在，那就是，如果从多元视角来看，除了胜利一方，失败的一方为什么不可以发出自己的声音呢？让失败的一方说话，这是口述最能发挥其功能之处。所谓多元视角、多维度，就是不仅要用胜利者的视角讲他们的成功，更要用失败者的视角做历史叙事。

当然，这里讲的是历史书写，而不是人类学和社会学了。

三、遗憾和教训

我做了多年的口述历史访谈，有经验，有教训，更有太多无法弥补的遗憾，这与口述史的特点紧密相关，因为所有的口述访谈都是一次性的，尤其当受访者是风烛残年的老人的时候。所以，我虽然坚持认为，访谈不可能一次就成功，要尽可能做回访和深入访谈，但同时也告诫自己，要将每一次的访谈，当作是最后一次、唯一一次来对待，正如我的一个也在做口述的朋友的感叹："老人不给你时间！"

访谈现场的机会稍纵即逝，即使访谈者做的准备再充分，再细致，也会有未曾关注、未曾抓住的时候。尤其是有些其实非常重要的信息，是在多年之后才被觉察的。

试举两个例子：

1. 文铭与她的父亲

文毓秋，即文铭（毓秋是她参加革命前的曾用名），（1921—2010）。1935年参加"一二·九"运动时是北平市立女一中的学生，年15岁。"七七事变"后到武汉，1938年5月参加八路军第115师到山东，解放时随第三野战军从山东到上海，先到上海电影制片厂工作，后调到黄浦区文化局任编导，在那里以副局级待遇离休，90岁逝世。

文铭的丈夫是著名经济史学家、中国经济史学界的一代宗师吴承明先生。文铭于1954年与前夫离婚，1995年在京举行纪念"一二·九"运动60周年活动时与吴承明先生登记结婚。①我是通过吴承明先生才认识文铭的。

文铭与吴承明结婚后便在北京和上海两地往来穿梭，由于吴先生与我的老师兼同一研究室的同事郭松义先生是邻居，文铭只要来京，便是郭松义家的常客。郭先生夫妇知道我在做旗人妇女的口述，便提议她与我谈谈，她欣然接受，这便是我做这篇访谈的起因。

文铭的访谈被我收入《最后的记忆——十六名旗人妇女的口述历史》书中。前面一再提到，这本书是我做口述史的试水之作，各种缺陷在所难免。但即便如此，文铭这篇，留给我的遗憾也是最大的。首先，最明显的是没有多提示她谈她的父亲。从这篇访谈的只字片语中可以隐约发现，这是一个非常值得探究的人物。文铭说，他是杭州驻防旗人，只要

① 文铭的这份简历，是郭松义教授与叶坦教授根据吴承明的传记材料摘录提供的，特此致谢。

多少读过中国近代史的人就都知道，驻防杭州的八旗在太平天国与辛亥革命时期，曾遭遇几度血洗，旗营覆亡，男女老幼惨遭屠戮。很难想象劫后余生的文铭父亲，有过怎样痛切的经历，所以他才会对"杀鞑子"有切齿之恨，甚至不准许女儿与汉人通婚。但是后来，也许是为了生计，他既然更名为"文成章"，应该是也隐瞒了自己的旗人身份，进入了以"驱逐鞑虏"为宗旨的国民党的军校，并且从保定到沈阳再到重庆，最终竟以一个国民党军人的身份终其一生。在那种特定的历史背景下，有他这样经历的旗人后裔很可能不止他一人，他们的经历、他们的心态，都是我们如今再也捕捉不到的宝贵资料了。

文铭说她父亲是"封建军阀版"的，她恨父亲对外祖母和母亲的无情，却又说他肯给子女（尤其还包括女儿）每人交付17块大洋的学费，送他们到当时最新式的孔德学校读书，说明他绝非守旧之人。文铭说他父亲是两种性格，也是他的矛盾之处。

可惜的是，文铭对她父亲只讲了这样寥寥几句。而我当时竟没有进一步追问。可能是我当时太关注"旗人"和"妇女"这两个关键词了，或者说，我只关注了这两个词而未及其余，对于其他诸多相关内容视而不见，结果丢掉了太多值得记录的东西。

对文铭本人的访谈也是如此。过于关注"旗人"使我忽略了她后来的生活遭遇，她后来的离开京城，投身革命。在她的讲述中，有些涉及后来的名人、高官，但都是断断续续，不成系统，对"害了她一生"的国民党特务郭同震，更是语焉不详。我当时的不用心，导致了这篇访谈没有把文铭一生的复杂和丰富呈现出来，这是非常可惜的。

总之，生活是多面的，人也是多面的，在口述的现场不能仅仅执着于自己关注的那一个方向，也就是说，不能"一根筋"，这也是我从这个案例中汲取的一个教训。

2. 金启孮先生和"旗产"

金启孮先生是我国著名的史学大家，早在1984年我还是个研究生的时候，就跟随我的导师王钟翰教授到沈阳去拜访过他。1989年金先生退休后定居北京，[①]我曾几次到他在

---

① 参见中国边疆史地研究:《满学专家爱新觉罗·启孮教授》，载于《金启孮先生八十寿辰暨执教五十年纪念集》1998年版，第46页。此外，金先生在《情寄第二故乡——我在内大的二十五年》一文中也提到此事，载纪念文集"附录"，第140页。

海淀梅园的家中拜望，并产生了为他的一生做一个详尽口述的念头。2004年，我和著名的蒙古族女学者乌兰教授[①]夫妇一起去他家探望，遂谈起这个访谈计划，说好每周到他家访谈一次。金先生欣然同意，还不仅仅是同意，据他的女儿金适说，他已经在为我们的访谈准备提纲。可是，这一切刚刚开始，也就是说，刚刚只做了第一次访谈，一切竟然就结束了。那次访谈之后，我去日本大阪大学访学仅短短半月，回京后正打算与他预约下次访谈的时间，却听到他去世的消息。算起来，从我为他做第一次口述的3月10日开始，到他逝世的4月10日，其间相隔仅仅一个月，我想，这应该是他一生中接受的最后一次访谈了。

我后来将这篇没有做完的访谈收入我的《府门儿·宅门儿》一书，既作为我对他的纪念，也作为一个结束。直到2020年，也就是16年以后，我在写有关清代旗地的学术论文的时候，读到他发表于1994年的《清代王公府属旗地——取租情况和清理始末》一文，作为清朝王公的后人，金教授

---

① 乌兰，女，蒙古族，中国社会科学院民族研究所研究员，乔吉是她的丈夫。

第八讲　用口述史料撰写历史

对于清理旗产的起因、过程和结局，有过精当的描述。该文是迄今为止我所见的唯一一篇全面记述、评价这场民国时清理清代旗产闹剧的文章。旗产清理在民国时期是一个非常重大的事件，也是关乎旗人生死的关键问题，但研究者寥寥，也正如金先生所说："晚近有关辛亥和辛亥以后满族遭遇的著作，多从种族革命、阶级斗争理论上阐明，一些自传又多从议罪角度写成，昧于一般社会情况。"金先生此文之可贵，就在于他所站的不是官方立场，而是有着自己的经历和体会，与通常只能依据官方档案和报刊的研究者相比，自有着独到和生动的角度。

我在读他这篇大作的时候，猛然就回忆起了那场访谈，于是找到了当时的那场对话：

定：金先生我理解这对不对，就是说是不是辛亥革命一结束，满族立刻就特别倒霉？

金：不是不是，辛亥革命是禅让啊，不是灭亡啊。所以冯玉祥啊，现在不是叫驱逐溥仪出宫嘛，北京人管他叫冯玉祥逼宫。那时候请段祺瑞出来的时候，段祺瑞发了一个通电呢，就说他可以出来，愿意合作，但是对驱逐溥仪这件事上，他认为辛亥让国，这么做不合适。①

　　定：咱们后来学历史都说是推翻了清王朝。我们这一代人就不太注意这个事了。

　　金：不是，当时辛亥年没有换朝代的感觉，根本没有。更换朝代是1925年（民国十四年），1929年（民国十七年），1924年（民国十三年）不是驱逐溥仪嘛，民国十四年就没收旗产。

　　定：就停发旗饷。

　　金：旗饷早就不给了，就断断续续、断断续续。十三年把溥仪赶出宫之后，十四年张作霖来了，一瞧冯玉祥发了大财了。张作霖一想我也得干一下子，就宣布把所有的旗产全没收，给了极少的地价，但是府（王

---

① 冯玉祥驱逐溥仪出宫次日，段祺瑞有致冯玉祥等电（1924年11月5日）："北京冯总司令，孙副司令鉴：之密。顷闻皇宫锁闭，迫移万寿山等语。要知清宫逊政，非征服可比。优待条件全球共闻。虽有移住万寿山之条，缓商未为不可。迫之于优待不无刺谬，何以昭大信于天下乎？望即从长计议可也。"冯玉祥却复电说："此次班师回京，自愧尚未做一事，只有驱逐溥仪，乃真可告天下后世而无愧。"电文见中国第一历史档案馆《溥仪出宫后图谋恢复优待条件史料》，载于《历史档案》2000年1月，第67页。冯玉祥答复见吴锡祺《记溥仪出宫》，载于全国政协文史委编《晚清宫廷生活见闻》，文史资料出版社1982年版，但所转引的段祺瑞电文时略有出入。

府）没有没收，因为咱们那府都卖了，没剩几处了。现在历史上写的跟实际情况有时有些差距。①民国元年时还没有感觉到。从文物损坏开始，那是民国十四年。民国十七年那是大规模来了之后，北伐成功之后。

定：您说的震动是指哪方面？

金：连在机关工作都感到困难哪，好像低人一等。这不只是旗人，不只是满族，北京人也感觉到这样。北京人对北平、北伐这两个名词都有意见，那是当时，当时不敢公开说，现在也没人提这个了。现在实际上说了半天，说国民党不好，我觉得没说到点子上。国民党来了之后让北京人感觉到，小学的好多老师都教孩子"北平平谁，北伐伐谁"。

定：北伐军是不是都是南方人？

金：都是南方人哪，因为从前的时候直奉战争，直皖战争，那些战争现在把它都否定了，军阀乱战，跟咱们没什么关系，他们打他们的，跟老百姓不相干。民

---

① 金启孮：《清代王公府属旗地——取租情况和清理始末》，载于《爱新觉罗氏三代满学论集》，远方出版社1996年版，第232—236页。并见台湾满族协会编《满族文化》，1994年第20期。

怎样做口述历史

国十七年就不是，是连老百姓一齐算了，这才厉害呢（笑）。比如说骂满族，你们野蛮民族怎么怎么样。

再读这段对话，我觉得自己很傻，金先生是很想从"停发旗饷"展开，讲民国十四年之后北京旗人状况的，但我的表现是，对他想要讲什么完全没有领会，而是一再把话岔开。我没有明白的原因，是我当时对辛亥革命之后的这段历史完全是空白，也没有读过他那篇重要的文章。

当然，像我这样因史学的某个方面功底不够而发生问题的情况实在太多，因为任何治史的学者，都不可能面面俱到，当然，功底越深，知道得越深，做访谈时会越顺畅，越能发掘出问题，这就要靠个人的努力了。不过，即使如此，我还是将这段对话，在我的多次演讲中拿出来讲，因为这是一个值得我汲取的教训。

2016年，我在北京出版集团编辑的建议和支持下，将2009年中国社会科学出版社出版的《老北京人的口述历史》上、下两册，改编成一套五卷本丛书，这套丛书本书是在我2009年出版的《老北京人的口述历史》基础上，经过大量补充修订而成的，事实上，它已经不再是原来的样子，而可以看作是另一套书了。从《老北京人的口述历史》出版面世，到这套丛书出版的6年中，我寻找老北京人并为他们做访谈的工作始终未曾间断，其中最有意义的工作并不是量上的增加和添补，而是寻找到多年前的被访人，以及对他们所做的回访工作。这是此书的编撰过程中最让我感慨也最有收获的一项内容，也使我切实地感到深度访谈对于口述史的重要性。历经数年甚至十数年之后的回访，有些补充和修订了初次访谈时未曾顾及的细节，有些加深了我对原来访谈内容和被访者的理解，凸显了访谈的意义，而更有意味的是，有些被访者与我在这十数年间并未断过联系，我们相互间通过一次又一次的交流，能够最终进入较深层次的主题，这一过程或如曲径通幽，或如层层剥笋，正与史家所做考据的过程相似，其间的艰难与乐趣，很难用言语表达出来。

如今又是多年过去，我做过访谈的老人大多数已过世，而我最深的感慨是，当时间的流逝让人看到结局的时候，结果往往竟出乎当时的意料，让人感叹生命的起落和无常，更感叹人生的不易。

结束，也是开头

这本小册子已经写完，到了该写结束语的时候了。

在我刚刚着手写这部书稿之前，有过一个旁观他人做口述的机会，这使我又重新体验了一次做口述访谈的过程，生发了一些想在这里发表的议论和感想。这些感想该不该在这里写出来，我也曾反复思量，毕竟这场访谈还刚刚开了个头，以后是否会铺展开来还不一定，而我又只是个凑热闹的角色，何况关于手工艺人和工艺美术，我又完全外行。

但我还是决定在我这部书稿的结尾处，写写我的感想。写这部作品，是总结我过去的教训和经验，而总结的目的，是为了新的开始，所以我以"结束，也是开头"作为这篇结语的标题。虽然这场访谈的当时和日后，都并没有我的工作了。

想说的第一点，就是虽然我做老北京人的口述历史多年，北京众多靠着皇家吃饭的匠人和以此谋生的人口，这一北京城的独特人群，他们人数甚众，居住地域集中，他们的技艺，还有他们特有的习俗和生活方式，既是京城一道独特的风景线，也是"老北京人"中重要的组成部分，而我，生在北京，长在北京，研究北京，却对他们集中生活的那片地域和这个人群倍感陌生。在做老北京人口述的时候，也没有找到能够深入他们生活空间的太多渠道，这一直是我的遗憾，也是北京城市史包括口述史的一个空白。

第二点，我想说，深入地了解这个一度庞大的手工艺人的群体，好好地为他们做些个访谈，这是个值得为之付出心力和时间的事情。我在这部书稿中不断提到记忆是口述史的核心，在北京史中，缺少这些老匠人的记忆实在可惜。其实，对于逝去的老北京人，丢失掉的记忆已经太多了。我希望不再失去这一个。

一、侯雪与"金漆镶嵌髹饰技艺"

2023年10月，我的多年好友、香港大学的梁其姿教授

怎样做口述历史

造访北京，她的目的很单一，就是想访访北京的老工匠。我早知道，她现在的研究有一个从医疗史向物质文化史的转向，这个物质文化史的丰富和深刻具有的诱惑力实在太大了，不仅仅她，与我相熟的太多朋友，都纷纷有了向它转向的趋势。至于她想找老工匠，应该是很想亲身体验一下北京的"物质文化"吧，尽管这可能与她的研究并无直接的关系。

我于是便找到了司徒剑萍，她是我当年做《老北京人的口述历史》时的编辑之一，几年过去，她现在已经是北京出版集团旗下的北京工艺美术出版社副总编辑了。由她来推荐老艺人和北京的物质文化，是最适合的。

司徒几经周折终于为梁教授联系到的人物，是侯雪老师。侯雪虽然年轻，却已经是北京工艺美术大师，还是国家级非物质文化遗产项目"金漆镶嵌髹饰技艺"的代表性传承人。

访谈记录：2023年10月31日

侯雪陪同我们参观了北京金漆镶嵌艺术博物馆，我在北京多年，却从来没想到还有这样的一方天地。虽然我一进博物馆的大门，就被展品的富丽堂皇镇住了，但如果没有侯雪的讲解，也就不过了了，有他的讲解，展品就都"盘活"了，

结束，也是开头

我很喜欢一边观看这些美轮美奂的展品，一边聆听讲解的感觉。

侯雪说他15岁来到这里开始学艺，如今也有20年了，据称是清宫造办处第六代传人。他带我们到陈列工美诸位大师的展室，介绍了造办处的第五代传人柏德元先生。

侯：这个房间是我们专门的工美大师。这是我们工艺美术大师，刚才我说的上一任的厂长柏德元先生。他退休了，去世了。他15岁半进厂学艺，从学徒工开始一直做到董事长，是国家级大师，中国漆器界泰山北斗，中国漆器专业委员会主任委员，在世的时候，一直到70多岁，病逝在工作岗位，择一业终一生，然后咱们很多作品都是他亲自参与主持设计的。然后现在我们的掌门人是他儿子，子承父业，这个博物馆也是柏德元先生的遗志，他在世的时候就一直想建一个博物馆，其实说句实话建博物馆是赔钱的，尤其是企业这好几百万的搭建，然后日常的运营全是钱，按说是亏钱的，我们现在是赔钱运营，就是因为他的志向。

梁：他是哪里人？

侯：祖籍东北。

梁：他是满人吗？

侯：他是汉族，从小在北京长大。①

　　我最感兴趣的，是他所讲的北京工艺品的性质，也就是这些不惜代价、不计成本制作出来的绝美产品与清朝宫廷的关系。这便要从清宫造办处说起了。

　　清宫造办处由内务府管理，是制造皇家御用品的专门机构，对于内务府的研究，由于近年来大量相关档案的整理公布，已经成为清史满族史研究的热门，而且还有越来越热的趋势，提起这些，话又长又多，不能在这里一一细述。

侯：到明代的时候出现了百宝镶嵌。明代很好理解，汉族统治安定时间比较长，几百年没打仗，人民也休养生息过来了，缓过来了，仓廪实而知礼节，吃饱饭了，然后开始工艺上就下功夫。所以开始有百宝镶嵌，据说是严嵩发现的，因为严嵩享受啊，好享受。

---

① 柏德元:《北京金漆镶嵌》，北京工艺美术出版社2008年版。

结束，也是开头

我跟您说，能陪着皇帝的那些丞相，什么严嵩也好，蔡京也好，甭管他是大奸大恶，文化艺术造诣一定是（一流），按咱老话说的什么，您得会玩，北京城玩，现在这个玩，大家觉得我出去跑一趟那叫玩。

这个东西你想他得会玩，您得跟皇上玩得到一块去，您得玩到皇上前面去，所以他先发现的东西推荐给皇上。直接就去皇宫了，就没在民间流行过，所以百宝镶嵌工艺应该算是所有漆器工艺里血统最纯正的皇家工艺。

"百宝镶嵌工艺应该算是所有漆器工艺里血统最纯正的皇家工艺。"这算是定性吧。

……

侯：这个小作品，就是我的作品。这就是镶嵌的，缺点就是没怎么用石料，用的是玉料。

定：为什么用玉料反而是缺点？

侯：对，很多人都觉得玉料比石料贵。但是真正的好的全是石料，因为我们用的巴林冻石和寿山石是永久性禁止开采的，就是你有钱买不到。还有一个是什么？玉料做这镶嵌，我不会做很好的东西，不会用很好的料。真正好料我做手镯了，做翡翠的饰品对吧？我不可能把一个上品的镯芯掏出来给你刻个瓶子嵌在屏风上，那是绝对不可能。所以很多老百姓觉得我买一个镶嵌的，我挑玉多的，其实不懂行，真正懂行的挑石料多的，而且还得挑巴林冻石和寿山石多的。

侯：玉石、贝壳、木材、象牙、金属，包括珊瑚，当然我说这些是"禁牙令"之前。还有珊瑚、砗磲、玳瑁，然后包括过去还用丝织品，就是盘金绣，这里没有丝织品，包括还有花丝镶嵌工艺，像人物的头饰，咱们说句实话，控制成本，按说这种位置全用花丝做金丝做，真首饰这么往上镶，人物的头脸全部用象牙，这个是标准的镶嵌，现在实在做不起。

梁：这个是贝壳。

侯：这个是南海的珍珠贝。

梁：所以几种玉石、贝壳、木材，还有没有别的？

梁：什么时候做好的？

侯：这个是2014年，应该也是在2015、2016年左右，

结束，也是开头

因为当时我也跟着一块做了，所有屏风这行料还是全都是我当时跟这个老师。

梁：所以这个的话有多少个手艺人参与了？

侯：对，参与了算是木工加上什么的话，大概加上设计师大概十几位，然后有一个领班。有一个是总设计，就像我们的总工艺师现在都是工艺美术大师，他负责总设计和各步骤的结构比例，材料什么的。当然早期的大师还是比较有水准的，后期的大师说句实话都做不到了，真正过去我们老一辈的大师从木材的选料开始到石材的选料开始全部自己精通，就是木材拿出来之后，木料，他对木料木工的开始榫卯，包括漆工的这些所有的工艺流程都相当熟悉，当然后期很少有能做到这样的大事。

梁：这位负责的领班他现在还在吗？

侯：现在在吧，退休了。

梁：他自己的专长是什么？

侯：他自己的专长是画彩画。镶嵌不是他的特长。

梁：所以可能因为他是彩画，所以他对整个画的结构比较有概念？

怎样做口述历史

侯：他擅长彩画都是因为设计师要画图纸，纹样中间的纹饰的图纸，所以我们大多数的设计师是基本擅长都是彩画，镶嵌大师很少。因为它有一个限制，你干了镶嵌你没法干彩画，像我们干平金开黑，我几乎是要做镶嵌，拿刀子拿凿子，你长期的、刻什么的伤手，咱画画都知道你弄时间长，手不稳了。

……

梁：你的彩画也……？

侯：还行，一般般哈。我镶嵌也能做一点点，但是我镶嵌做不了人物，只能做一些山石配饰、花草这种的，做不了人物。因为我学徒的时候，过去厂子里学徒是一个人只教一项工艺，你只能学一个门类。我学徒的时候因为人少，你比如说有的时候他干个镶嵌的，我们金漆镶嵌有一个特色。一般的镶嵌的东西的背后，你可以看一下背后都是配彩画，不能双面镶嵌，但是又不能空。很多人不知道，你看外面家具城很多屏风背后是黑的，是因为故宫的图片拍不到后面，他们只能知道前面他就放前面，不知道后面所有的金镶嵌的大屏风背后不留地，全都是以山水居多，因为过去讲究叫背有靠

结束，也是开头

山。对，它后面还有。现在很多人不知道，其实他们都很好奇，因为这个东西为什么最后用的，背后弄的这个东西，为什么是什么画个山水画什么的，很多人说你给我题个字行不行？大多数的屏风我们都会建议他做山水，因为确实是它有讲究。对，这个是九龙壁，这是我们镇馆之宝之一，这也是百宝镶嵌，全都是天然宝石做的。

梁：什么时候做的？

侯：这个是80年代中晚期，计划经济年代做的。这一个是两三吨重，然后用的各种名贵宝石大概20多吨，当时上百人，做了500多吨。我们大概做了得有四五个。其他的就卖出来了，出口了。出口欧洲德国特别喜欢这个。

定：这都是换外汇用的是吧？

侯：对，当年是出口创造外汇的，因为当年新中国刚开始的时候，国家百废待兴，你没有美元，你拿什么去买那些石油、先进材料什么的，就得拿这个东西拿工艺品去换外汇。为什么那个年代工艺美术行业那么火？我们厂一度能达到2000人。就是因为国家重点有点像

怎样做口述历史

现在国家重点工程一样，相当于现在研究航母的，国家"要钱给钱要枪给枪"。

定：没错，而且对。

侯：不计成本。这个作品的外套黄花梨的，名字叫"八十七神仙卷"。

定：这个东西也特精致。

侯：这个东西说句实话，你搁现在的审美和现在做的话，绝对不会用骨雕。

定：那用什么雕？

侯：绝对上象牙呀。骨雕你能值几个钱？这么大的功夫拿骨头刻，但是刻象牙和刻骨头是一样的。骨头还费劲，象牙还有韧劲，骨头还脆。对吧？你拿象牙做完之后，比如骨雕值30万，但是用象牙之后，它就能值130万。同样的工。

定：那个时候为什么不用象牙？

侯：那时候不讲究。那时候我跟您说，象牙，我们单位领象牙怎么领？我们那时候在东直门后永康胡同。师傅上工美集团料厂领象牙的时候，蹬一个大的平板三轮车，象牙就像木柴一样捆着大捆子地往车上一摞，经

结束，也是开头

常骑着骑着，"崩噔"掉一根。后面人就喊"棍子掉啦！"然后下去捡起来了。那可是象牙！现在一根几十万。

梁：那个时候象牙就是进口的象牙？

侯：有非洲象也有亚洲象，我们那个时候使的象牙得有三个部门的章，一个是海关的，一个是动物保护组织的，还有一个是哪儿是检疫检验的，三个部门同时盖的章，证明这头大象是自然死亡，不是人工偷猎的。我们那时候其实就很讲究，因为咱们是国家的。

……

梁：柏德元在这里的时候，你已经进来了吗？

侯：进来了。我在这里今年第15年。这些大师我都赶上了。我应该算是"幼小衔接"，就是老一辈大师临退休之前，最后几年我都在，然后退休之后这新人我也基本认识。

梁：他们怎么挑选？

侯：他们怎么挑选？他们要哪一个还要挑？求之不得能有人来。

梁：是吗？

侯：对，工资给得又低，活又辛苦，现在这个年

怎样做口述历史

代，谁家的孩子会说我花钱读了好多年书，然后送进工厂去干活？我在学徒的时候，每天从北京最西边的石景山跑到北京城最东边的通州，都过了北京城到河北了。我们每天凌晨4:30起床，从石景山骑自行车换地铁，倒到这个班车站，坐班车到大厂回来，然后再倒地铁什么再回家再骑自行车，每天5个多小时。

梁：像你这样子的年轻人有几个？只有你一个吗，当年？

侯：当年就我一个，当年跟我一块儿的，陆陆续续到我从大厂走，大概有个二三十人，但基本上都走了。就是陆陆续续不是说同一批来。

以上只引了几个片段。讲的只是我关注的两个问题。

第一，这些工艺美术品都是为宫廷制作的，特点是每一个物品都有寓意。我虽然对"程式化"一向不喜，但这里重要的，也就是侯雪在这里强调的，是他们匠人也在里面融入了匠人的心血，融进自己的追求，这就很"个人化"了，这很像京剧。

第二，说是清廷造办处的第某某代传人，不要将其理解

结束，也是开头

成一条从那儿到这儿的直线。事实上远没有那么简单。至少我作为一个北京人，都旁观了这项工艺的几起几落。"文革"期间国家为赚外汇，全力发展的一个产业，便是工艺美术品，后来改革开放，国家也不再依靠这些东西挣外汇，这些原本的国营工厂曾经历一段非常悲惨的倒闭时期，许多手艺高超的老工人流落四处，做些小器件变卖维生。至于现在的恢复，那是又一个故事。然而，无论几起几落，至少从清代到改革开放之前，这些工匠的基本盘还是相对稳定的，是老北京人的一个重要部分。

二、郑韬凯和他的工作室

参观了金漆镶嵌博物馆之后，本想与侯雪一起吃个饭，但侯雪说下午有事，婉拒了。我们三人便随意找了一家饭馆。席间谈起侯雪的工艺，梁教授便说到这些老工艺与西方工艺有何关系的问题，引得司徒想起中央美术学院工艺美术系主任郑韬凯老师。她打电话询问，郑韬凯老师痛快答应赶回燕郊校区的工艺美术系接待我们三人。我没想到会被一下子拉到燕郊，我也没想到在燕郊这里会有一个中央美院的分校。我们前去寻访他在这里的现代木艺工作室。

郑老师自称将近50岁，非常能讲，甚至比上午的侯雪还能讲，好像是走遍世界的样子。

梁：郑老师您广东哪里（人）？

郑：潮汕人。

定：潮州木雕很有名。

郑：我们学生去过潮州跟老师傅学，这是他们教的东西。他们去跟老师傅们学手艺，然后要做一些作业。那都是小师傅，掌握现代设计思维的小师傅。

定：那你们现代设计思维跟老工匠他们的那些做法是不是有很大的区别？

1.关于口诀

郑：老工匠跟我们在一块，他们手艺非常好，但他们每个人都特别谦虚，他们老是跟我们说，说我们做来做去全是这些东西，意思说如果他想再去做一些新的，符合时下时尚的或者什么，他们可能就没有太多的（东西）。然后我们学生他们都很时髦很时尚，但是他们又

287

结束，也是开头

手艺不行，我说正好做个结合。

　　定：那你们觉得结合的话，这两方面差距是不是也很大，还是好结合不好结合？具体是技术的结合还是观念的结合？

　　郑：我觉得这个都是我们在教学中一直思考的事，就是技术和观念有时候也没法分开。我们央美一直的理念就是以技入道。其实就是从技术去思考观念，但是观念反过头来它也会深刻地影响技术，有些技术在观念的指引下，它改变了。但古代的这些传统的东西，像老师傅说的这些东西有很多，它是依靠口诀来传承。

　　口诀之所以能形成一个口诀，一定有它的道理，就是口诀一定是有效，任何人手艺不行，按照这个口诀来做，也能做出一个有效果的东西。最典型的就是咱们的那些弥勒佛或者是关云长这些（工艺品）都是有口诀的。你按照口诀来，你很快就能出这个形。这种口诀的形成其实跟工业的生产很接近，就工业的批量化生产，它其实是有点类似口诀，只不过它是把口诀变成了一个模具，这样在工业上就能批量生产了。我们认为是经过一代一代的能工巧匠，通过一代一代的改良，然后形成一个他认为通过这么做就特别有效的办法，然后他快速地传递下去。而且这个东西能带来生存之道，就是你做的这个东西你卖了你就能活下去。这个是非常重要的，但现在我们的传统工艺的问题，就是与社会和经济脱钩之后，他按照之前的有效的办法生成的造型，他卖不出去，卖不出去了之后才影响了他的生计，对吧？

但是这些东西是非常有价值的，我们可以研究这个东西来反推，一个优秀的造型它是如何产生的，如果被传承下来了，但是如果不符合当下的时尚，很有可能会被淘汰。这是很遗憾的一个事情，但是又是很残酷的事情，又没有办法，但是这里头就有很多学术的东西是可以研究的。

司徒：我们出版社出版了关于各种技艺的口诀的书。

……

郑：明朝时已经形成口诀了，我们从两面去看这个事，它从艺术创造的角度上来讲，它已经僵化，它已经形成一种模式，程式化了，但是从这个产品设计或从design（设计）的角度去思考，它又是非常有价值，因为它把一种非常精致的非常突出的一种造型，用口诀的办法固化下来。因为古代它是这样，这种口诀相传的方式，它是有历史的和文化的原因的，就是还有经济上的原因。中国的士农工商的这种划分使得工人的、工匠的社会地位它是不高的，那么他要维持他的生计，他必须把某种东西把它藏起来，他不能公开，他也不会去出版。

2.关于营造法式

梁思成先生在宾夕法尼亚大学拿到他父亲寄给他的营造法式，说看不懂，最主要的原因就是那个时期的工人他就不愿意让你看懂，而且这本书它也不是工匠为了传递技艺的一本书，也不是为了保护建筑的一本书。

定：营造法式主要是用来干吗的？

郑：它主要是用来预防贪污的。就是一本定额，它是以法律的形式把某种制造的规范给继承了下来，而没想到这部东西反而现在变成我们研究古代建筑设计的一个宝典。从对工匠行业的角度来讲，是一个比较讽刺的东西。

因为中国古代的匠人，他并不希望你会。他只在匠人的行业里头流传这些东西，而且有每个地区的方言，每个地区对每个地区的叫法和做法还不一样，江南有江南一套，北方有北方一套，山西有山西一套，贵州有贵州一套，它还不一样，但是大体的思路是一样的，大体它都是模式化的。你比如说我让学生做这个斗拱，这是清代的平身科，就两个柱子间的一个斗拱，这个斗拱是模式化的，就是你确定了一个斗口的尺寸，整个建筑就都确定了。

它这种方式有一个特别好的优点，就是技工技料特别规范。它特别规范的时候，皇上就可以要求，比如说各地的官府衙门，你要用几个等级的，因为它这里都分了，比如说持一个斗口的等级，或者裁缝分了多少个裁缝，它明明白白清清楚楚，我就告诉你你这个级别你一品官员，你用什么等级的裁缝和或者斗口，这样的话就很好地杜绝了贪污和……要不然的话从工程里头来贪污，这个是历朝历代都杜绝不了的人性，是吧？有了这个（营造法式）之后，他就没法，（皇上）很容易来判别你是不是僭越了你的级别，那就可以定你罪。

3. 关于木工

郑：我现在就觉得我开这个工作室，是觉得我们中

结束，也是开头

国有非常辉煌的这道传统和历史，但是断了，现在没有人愿意学木工。

梁：你说断是什么时候开始断？

郑：我觉得应该是1949年左右。

梁：不是说一直延到明代都一样吗？怎么会断呢？

郑：您是说中国古代建筑是吧？我是说现在学习木艺的，学习木工的，你看中国以前有一个传统流传到日本。就是宫殿的建筑或者是皇家的寺庙，它是要养一个匠人的，专门来维护匠人，它是家族氏的。因为古建筑它是60年要小更换，一两百年它要大更换，它需要一个家族，像贵族一样养着这个家族，这个家族就有点像咱们的样式雷。

定：家族样式雷就让这么一代一代传下来？

郑：故宫的宫殿。出了什么问题，他要去维修的。……中国古代知识分子参与建筑最多的是园林。他只参与园林，建筑参与不了，因为这个行业人们就不让你进来。

……

郑：现在中国推这种所谓的新中式家具，推着推着它就推不下去了，就是因为它很难突破。它很难突破的一个一点，就是说中国古代的明式家具之所以能形成明式家具，它是有大量的文人参与，还有能工巧匠的参与，而且最典型的一点就是连皇上都参与，就是明代的朱由校皇帝，他是自己做家具的。自己做木匠，所以上有所好，下必胜之。就是明朝的家具，为什么全世界，皇上就做，皇上都做对吧？那么我们现在如果不把文人的价值观，不把文人的眼光，再加上工匠的技艺介入进来，你就想超越明代是很难的。

定：你说这太对了。

郑：如果你要超越我们以前的巅峰，必须要有新一代的文人，就是所谓的设计师，他既学习了文化又学习了手艺，然后这样来去创造这种东西。

定：现在喜欢做木工的多吗？

郑：现在不多，现在所以说我开这个工作室目的就是这个目的。我原来在央美我不是开木艺的，我是开设计类的工作室，但是我后来越来越琢磨这个不行我得开，所以我就开了这种现代木艺，希望能够多影响一些人。

梁：全国就有你这么一个？

郑：目前艺术院校里头只有我这里。

我其实一直在琢磨这个事儿，因为一方面国内学木工的人越来越少了，你像我都快50（岁）了，然后在45（岁）以下几乎没人选。

郑：由于我们中国古代这种士农工商的划分和这种行业保护，导致我们现在内部比较尴尬，但是木工又是百工之长，现在我是工艺美术系主任，我们说工艺美术这个东西，木工恰恰是，现在全世界发达国家跟我们相比，我们木工做得最差。

我们木工原来那么厉害，我们有明式家具，我们有中国古代建筑，但是现在有啥？现在啥都没有，现在你说我们只有个什么潮汕透雕，也奄奄一息，我看都快不行了。我们去看他们厂子那些老板，他们雕好几个月一个东西，卖个一万来块钱一个透雕什么的，一旦没人买了呢，这个是很麻烦。

我们就要问，如果你说你觉得明式家具厉害或者什么的是吧？但是问题是没有人学，你怎么吹你连个人都没有，你还吹你的明式家具或者什么……

怎样做口述历史

4. 工作室和学生

这是我们班长，大三的班，上海人。他打算去日本留学。我这边想就是有一工作室，铁打的营盘流水的兵，一届一届培养一些年轻人，让他们去动手做木艺，他能不能喜欢上现代木艺是另一回事，但是我必须做这个事。

我觉得我们美院人做工艺美术的思想和想法跟他们（工艺美术学院）不一样，因为跟工艺美术学院相比，我们纯粹是手艺人，因为画油画它也是手艺，是吧？做雕塑它也是手艺，我们从手艺的角度去理解工艺美术比他们用设计那种项目，这种活儿来去理解工艺美术，我觉得还是不一样的。

定：我以为你们是从纯艺术的角度呢。

郑：其实说是纯艺术，但是我们一直说的是以技入道，就是徐悲鸿先生他们也都是以技入道，其实都是手艺人，把自己说高一点就是艺术家，其实说低一点他就是手艺人，我们都是手艺人。

郑老师领我们参观了学生们的工作室，看他们主要是学习动手而不是读书，还给我们介绍了他们的各种工具。

这场访谈时间虽短，但让我广开眼界，表面看来，他与侯雪各说各的，找不到重合之处，当然也就谈不上比较，而且即使要深入讨论，也还需要继续挖掘，但我已经觉得他们代表的是两个人群了。

虽然都是做工艺品，都自称是手艺人（侯雪说，他们就是工人），但他们的技艺传承并不相同。侯雪代表的是京城皇家的工艺，郑老师则是来自潮汕，一直接受国内外学院派的现代室内设计、现代木艺学术训练，而郑老师带领他的学生所承袭和借鉴的手工艺，又多来自民间艺人。

郑老师从广东来京，他的成长经历与土生土长的京城传统匠人自是不同，这是新一代北京的匠人。

有太多可以深入探究之处，所以，就以小册子的结束，作为一个新的开始吧。

本书的写作，得获多位学者、友人的帮助，尤其是在加拿大求学的苏柏玉博士，虽然相隔万里而且学业繁忙，她却不惮烦琐，通篇细读了我最初不成样子的书稿，提出了诸多重要的建议和修改意见。作为比我年轻不止一辈的学子，她对我的理解和支持，使我在反复的犹豫和自我否定中得到莫

怎样做口述历史

大的安慰和鼓励。还要特别说明的是，本书第七讲即"访谈伦理与自我保护"中的很多内容，是由她与我共同撰写完成的。在此特向她表示我的衷心感激。

我还要感谢北京出版集团、北京工艺美术出版社的司徒剑萍，她直接参与了本书从策划、写作到最终校对等一系列过程，给了我大力的督促和帮助。同时，感谢吕克农老师，吕老师对本书的肯定以及提出的中肯建议对我的写作是至关重要的。最后，我也感谢北京出版集团的相关领导和编辑多年来对我各方面的支持。

定宜庄

2024年7月，酷暑中